La Castration mentale

DU MÊME AUTEUR

aux éditions P.O.L :
Onze romans d'œil
Journal du regard
La Reconstitution
Portrait du Monde
L'Ombre du double
Le Syndrome de Gramsci

aux éditions Fata Morgana :
Une messe blanche
Souvenirs du pâle
Le Double Jeu du tu
(en coll. avec Jean Frémon)
D'une main obscure
Le Château de Hors

aux éditions Flammarion :
Les Premiers Mots
Treize Cases du je
Magritte
Le 19 octobre 1977
Dictionnaire de la Commune
(2 vol. coll. « Champs »)
URSS aller retour
Poèmes 1
La Chute des temps
Olivier Debré
David
Géricault

aux éditions Gallimard :
Le Château de Cène
André Masson
La Chute des temps

aux éditions Hazan :
Matisse

aux éditions Ryôan-Ji
(André Dimanche) :
Marseille New York
Trajet de Jan Voss

aux éditions Talus d'Approche :
Le Sens la Sensure
La Rencontre avec Tatarka

aux éditions Unes :
Fables pour ne pas
Extraits du corps
Le Lieu des signes

aux éditions Stock :
Le Roman d'Adam et Eve

aux éditions Ombres :
La Maladie de la chair

Bernard Noël

La Castration mentale

Édition augmentée
de douze nouveaux chapitres

P.O.L
33, rue Saint-André-des-Arts, Paris 6e

ISBN : 2-86744-559-1

La scène primitive

Depuis des années et des années, une scène me poursuit : je ne l'ai pas vue, et cependant je la vois derrière mes yeux, au croisement de la mémoire et de l'imaginaire, là où fantômes et fantasmes se forment et apparaissent. Cette scène a eu lieu dans les derniers jours de mai 1871, à Paris. Un troupeau de Communards, que l'on vient d'arrêter et qu'encadrent les Versaillais, passe devant la foule ameutée sur les boulevards, dans les parages de l'Opéra : une foule de bourgeois bien mis qu'accompagnent leurs épouses en tournures et voilettes. Tous ces gens, qui ont eu peur, clament un soulagement haineux et victorieux, mais voici que dans l'excitation générale, quelques-unes des femmes s'avancent vers les prisonniers, et tout à coup arrachent la longue épingle qui retient ensemble chignon et chapeau, puis la manient à bout de bras pour crever les yeux sous les applaudissements et les rires.

Cette scène me poursuit parce qu'elle donne la mesure d'un comportement dont la répétition finit par fournir l'une des normes de mon pays. On sait que les vainqueurs, partout, sont les propriétaires de l'histoire, et qu'ils en font disparaître les épingles à chapeau, mais cette disparition, chez nous, se double à tel point d'une négation de son existence que ce refoulement ménage le retour de la même violence. Dès lors, faute d'une expression qui pourrait les exorciser, les scènes de ce genre rôdent dans l'inconscient collectif où, loin de s'apaiser, elles deviennent les appelants d'actes identiques aussitôt que l'occasion s'en présente.

Cette scène est exemplaire parce qu'elle met en scène un meurtre du regard que le pouvoir français commet régulièrement. Ici, le geste final est toujours d'aveugler l'adversaire pour qu'il ne voie pas ce qu'on lui fait, et soit donc incapable d'en témoigner valablement. Il suffit de se rapporter à deux événements récents pour constater combien la scène évoquée semble servir de perpétuel modèle. Ainsi de la rafle dite du Vel' d'Hiv et du pogrom que subirent les Algériens, à Paris même, dans la nuit du 17 octobre 1961.

Chaque fois, c'est une cruauté immédiatement couverte, sinon légalisée, par la hiérarchie de l'Etat : chaque fois le même enterrement d'une prise de conscience salutaire, comme si la lâcheté des exécutants reflétait la réalité fondamentale de nos gouvernements successifs. Quand la vérité finit par devenir publique – et va même jusqu'à s'afficher trop tard sur les estrades de l'Etat –, c'est que l'amnistie a depuis longtemps bâillonné les victimes et mis à l'abri les bourreaux par une soumission légale de la justice au crime. On ne devrait pas s'étonner que les « révisionnistes » nient l'évidence quand la volonté officielle a toujours été de blanchir l'histoire.

Ce penchant favorise la renaissance perpétuelle du racisme, de l'exclusion et du nationalisme le plus régressif. Il favorise aussi l'apparition de lois qui sous prétexte, par exemple, de lutter contre l'immigration clandestine s'inscrivent contre toute la tradition dont se réclame chez nous la « légalité ». Ailleurs, mais dans un mouvement semblable, l'humanitaire si généreusement médiatisé prête son aide à la « purification ethnique ». Bref, tout change sans cesse de sens dans une belle confusion, qui est le nouvel ordre.

Les riches ne crèvent plus les yeux des révoltés avec des épingles à chapeau, mais avec des images. Cet aveuglement a l'avantage de n'être ni salissant ni douloureux. Le pouvoir est à nouveau divin puisqu'il peut agir invisiblement. Il faudra sans doute beaucoup de temps pour qu'on aperçoive dans cette invisibilité un crime contre l'humanité puisqu'on ne l'a pas mieux distingué chez la mafia du sang contaminé, qui, pourtant, a servi la propagation du sida avec bien plus d'efficacité que notre sexualité rendue pécheresse. Le virus, lui aussi, appartient à l'invisible : quand sa cruauté apparaît, il est trop tard. Bizarrement, ce qui prépare les viols, les massacres, la destruction, apparaît aussi trop tard, mais uniquement parce que les responsables, pour n'être pas coupables, choisissent toujours d'aveugler.

Condition du sens

Il y a des années, je travaillais pour un éditeur plus soucieux de réussir ses livres que de les vendre. Je l'entends me dire : – Mes livres, je les fais de mon mieux, puis je les jette dans un trou, et de ce trou je ne vois jamais rien sortir...

L'image exprimait si justement la situation qu'elle se présente d'abord : j'ai vu, je vois cet homme assis au bord d'un trou vaste comme Paris, et l'un après l'autre il y jette ses livres, et rien, pas de réponse, pas d'écho.

Cet homme aimait choisir une typographie, un papier, un format, des vignettes. Comme il avait les moyens de ses goûts, il ne pensait ni au marché, ni même à la diffusion. Il faisait le livre tel qu'à ses yeux il devait être et considérait que son destin allait de soi puisqu'il avait, quant à lui, fait tout ce qu'il fallait. Que l'évidence de la qualité ne suffise pas à forcer l'attention le laissait démuni, mais il n'en continuait pas moins...

L'homme au bord du trou : ce serait une fable – la fable de l'homme qui, ayant bien semé le sens, n'a récolté que l'insensé par l'effet d'une nature dénaturée. Mais comment voir que la nature n'est pas naturelle quand son apparence n'a pas changé ?

Une fable ? Non, une anecdote seulement. Et qui a surgi tout à coup au milieu du regard tandis qu'il interrogeait la solidité des choses environnantes. Parfois, la pensée coule ainsi dans les yeux et s'en va vers les objets susceptibles de lui faire un chemin : il arrive alors qu'elle égare son projet, puis brusquement le ressaisisse par un mouvement qui la déchire et lui révèle ce courant interne : le sens.

Ecrire et parler se ressemblent par un emploi semblable du langage, et cependant l'un et l'autre ne sont pas de même nature. A chaque instant, la parole est entière comme le corps ; à chaque instant, l'écriture se cherche et, se cherchant, produit un avancement qui est la durée fragile d'où lui viendra tout à la fin un corps qu'elle ne connaîtra même pas puisqu'il se forme dans le regard de son lecteur. On parle dans le souffle ; on écrit pour subtiliser la vie à la vie et la fixer dans le tissu verbal. Du côté de l'écriture, tout advient dans un présent reporté, bien qu'écrire et parler continuent apparemment à sécréter le même sens.

Ecrire et parler se pratiquent également au présent, mais parler ne s'exerce et n'a d'effet que dans ce présent quand écrire a pour destination un autre temps que son propre présent. L'écriture a d'abord servi la parole : elle était la mémoire lisible, et donc exacte qui permettait que soit répété ce qui n'avait lieu naturellement qu'une seule fois. On croit que l'écriture s'est emparée ensuite de la fonction de la parole : non, elle a travaillé en elle ce qui la rendait tout à fait différente et qui, justement, est la répétition.

Avoir la capacité de répéter, c'est annuler le temps, ou plutôt c'est l'absorber au point de le métamorphoser en son propre mouvement. La parole coule comme le temps ; l'écriture diffuse le sien. La parole développe un sens qui va à l'allure du temps ; l'écriture attache le temps et le fait aller à son allure. La ligne du temps ne change pas à l'extérieur de l'écrit mais, à l'intérieur elle obéit à la ligne du texte. Ces linéarités se ressemblent sans qu'elles soient semblables : dans l'une, le temps passe tout simplement ; dans l'autre, il est réversible et peut répéter son parcours. Cette aptitude au recommencement a d'ailleurs fini par détourner l'écriture de l'imitation du temps de la vie, et la voilà qui, depuis près d'un siècle, génère de l'intérieur de son propre mouvement une temporalité tout à fait autre.

Nous ne vivons qu'au présent, mais nous ne sommes pas que du présent. Sans cesse, nous engageons dans le présent tout un passé, une mémoire que cet engagement transforme. Etre vivant implique une constante mise en relation du présent et du passé à travers l'individu que nous sommes, cependant qu'à travers chacun de nous, c'est également l'ensemble du présent et du passé qui se touchent en un point. Mais qu'est-ce que le présent sinon ce toucher ?

Etre vivant croise donc ce qui fut avec ce qui est, et cette hybridation est à la fois la somme d'un mouvement et le point de départ d'un nouveau mouvement : la mobilité perpétuelle du présent est un interminable entraînement. Nos actes s'efforcent de marquer, de jalonner, de personnaliser cet entraînement. Nous avons besoin de changer le flux inexorable en voie de communication.

Ainsi, il s'agit de substituer au fil du temps une vitesse qui nous oriente plus fortement que lui. Et chacun de nous n'est en son temps que s'il affronte le problème de cette substitution comme la question vitale sans cesse fraîchement posée. A l'époque de la parole, la réponse venait de l'extérieur, et elle valait pour toute la ligne du temps puisque celle-ci menait vers Dieu. A l'époque de l'écriture, la réponse vient de l'intérieur et, valable uniquement au présent, ne saurait durer plus que lui.

La situation, bien sûr, n'est pas aussi claire. Nous sommes cultivés, c'est-à-dire conditionnés, c'est-à-dire partagés entre des ambiguïtés multiples et diverses, dont la tresse constitue la condition du sens.

J'écris, mais poser un mot après l'autre n'est pas forcément le signe que mon écrit est de l'écriture. A l'instant, je sais qu'il faudrait aborder de toutes parts les réseaux du conditionnement pour me délier de leur effet : cette conscience n'en demeure pas moins impuissante parce qu'elle va toujours à la ligne et n'en sort pas. Il y a pourtant dans l'écriture un point de vue non perspectif, un lieu du tout à la fois, de la précipitation et de l'éclat. Ce lieu, le présent s'y dresse et, devenu vertical, refuse la continuité. Que serait une pensée refusant le flux et se cabrant ? Le sens y deviendrait-il insensé ?

Nous ne vivons qu'au présent, mais notre corps n'appartient pas au présent ; nous n'agissons qu'au présent, mais dans un contexte qui ne relève pas du seul présent. Notre corps exprime la présence du présent ; il contient aussi dans son obscurité l'énergie du passé, histoire et préhistoire confondues. Peut-être faudrait-il distinguer la chair et le corps : la chair qui ne sait pas ce qu'elle sait, et le corps qui distille et organise ce savoir. Et distinguer à l'intérieur de chaque geste ce qu'il invente et ce qu'il reproduit, ce qu'il transforme.

Chacun de nous est inlassablement sollicité par des influences qui viennent d'avant lui et qui l'emportent hors de lui, chacun est soumis à un élan dont il doit mettre en crise la trajectoire s'il veut exister par lui-même. L'espèce et l'individu s'opposent et rivalisent. Ce qu'on appelle « création » n'est au fond qu'un détournement de l'activité de reproduction.

On crée pour détourner la propagation de l'espèce. On crée pour métamorphoser la succession en répétition, et clouer le temps à l'intérieur d'une chose unique afin qu'il n'y soit plus que de l'avenir en suspens...

La pensée que je voudrais former me fuit, comme si le mouvement dans son sens servait la distance et non pas le parcours. Ecrire produit de la matière avant de produire du sujet : pourquoi le sens n'est-il lié qu'au sujet ?

L'art a pourtant fait le trajet inverse : il a délaissé le sujet pour la matière.

Et l'image pour le signe : un signe qui est faussement abstrait puisqu'il est sensible et non pas intelligible.

L'art, même quand il se fonde sur la rupture et se proclame anti-art, n'existe qu'en suscitant un minimum d'adhésion émue. Pendant la majeure partie de son histoire, l'art s'est d'ailleurs inscrit lui-même à l'intérieur de l'adhésion générale au système religieux ou social qui réglait la marche de la collectivité. L'adhésion se confondait alors avec le sens.

En choisissant la rupture, l'art se dresse contre une adhésion liée au sens général : il s'en sépare mais avec l'appétit qu'on adhère à son sens particulier au point d'en faire bientôt le nouveau sens général. Ce mouvement de rupture et d'appel est la contradiction qui donne encore un peu de souffle à notre époque.

L'adhésion consistait autrefois à partager l'entraînement collectif : elle relevait de la foi, et celle-ci était le liant qui assurait la circulation du sens dans toutes les parties de la société. La foi allait jusqu'à permettre une entente universelle qui, à travers la foule des langues, faisait retentir une langue sacrée : la langue de la communion et du sens pur.

L'art d'aujourd'hui, qui se situe après la rupture, est en position de servir de langue universelle, mais il lui manque la légitimité que la foi tirait de la totalité divine. Croire que l'homme est conçu à l'image de Dieu pouvait suffire au plus déshérité, car c'était à la fois une promesse et un acquis déjà réalisé. L'image de Dieu ne pouvait se démonétiser qu'à condition que l'on se démonétisât soi-même : ce fut longtemps sa meilleure garantie.

La communication a pour passif, en nous, la perte de cet absolu. Privée de lui, elle en garde la nostalgie et par conséquent une exigence, qui ne peut se satisfaire du sens immédiat de nos activités. Après la mort de Dieu et du Progrès, qu'est-ce qui peut nous combler ? La communication serait le mouvement capable de le faire si elle jouissait d'une garantie intouchable liée à un trésor universel.

L'art pourrait être ce trésor. Il est en voie de le devenir depuis la Renaissance parce qu'il assume la création et la conservation d'un sens entièrement humain. Mais dans le temps où il s'humanisait, l'art n'a cessé de se personnaliser, le nom de l'artiste prenant de plus en plus de valeur. La signature authentifie l'œuvre d'art comme celle du Caissier Général le billet de banque. Dans le même mouvement, ce qui avait un prix a eu tendance à devenir hors de prix, cependant que l'œuvre de valeur tendait à s'identifier à celle qui a de la valeur. Le trésor mental n'est donc pas distinct du trésor marchand. Une partie des œuvres retrouve bien la plénitude de sa fonction au musée, mais cette bonne fin n'empêche pas le musée d'être aussi la banque où la valeur désintéressée renforce la valeur marchande des œuvres ayant cours.

L'art ne peut se relever d'être devenu marchandise, cette perversion du sens est irrémédiable. Dieu n'a jamais été à vendre : il est mort sans avoir été abaissé. Le sens a besoin d'aller vers quelque chose d'intact ; dès qu'il se négocie, il se dégrade.

La promesse du bonheur a remplacé la promesse du salut. Equilibrer besoin et bonheur pour qu'ils se relancent l'un l'autre, c'est tout le sens de la consommation. Ce sens n'a qu'une mobilité apparente : il projette des images fixes, qui suscitent un désir dont elles accomplissent la satisfaction. Il suffit d'être dans l'image. Le modèle n'est plus vers l'infini, il est petitement fini : le couple, la maison, la voiture. Tout est accessible dès qu'on entre dans le système clos des signes du bonheur.

Cela ne se passe plus dans l'histoire, pas même dans la chronique, mais dans l'actualité, c'est-à-dire dans le gros plan. Là, on confond la partie avec le tout.

Le sens ne circule pas, il fait des flashes ; il aveugle puis s'efface.

Qu'est-ce que mon temps ? Qu'est-ce qui est mien à l'intérieur du temps ? Chacun de nous émerge dans une situation qui n'est pas la sienne, dans un art qui n'est pas le sien, et tout le problème est justement d'y mettre du sien.

Le sien est un sens, c'est aussi un pouvoir sur le sens. Mais tout sens aujourd'hui passe par la marchandise. Sa qualité doit donc se mesurer à la quantité, qui le dégrade.

Le sens est un élan : Dieu le récupérait, et le faisant rebondir le propageait à l'infini. Nous manquons à présent de cet écho, qui provenait du centre, mais qui repoussait autour de lui toute limite.

La volonté d'en finir avec la limite est la dynamique de toute œuvre, elle engendre une tentation de souveraineté que l'artiste expie dans l'interminable.

A la perspective du chef-d'œuvre a succédé la certitude de l'inachevé. L'œuvre demeure à venir. Et cet à-venir est en elle le mouvement de son propre sens.

Un mouvement qui s'anime à partir de notre regard ou de notre lecture. A partir de chacun de nous et non plus de Dieu.

L'espace dans lequel se développe ce mouvement est conditionné, me semble-t-il, par deux faits historiques.

Le premier est flou dans ses dates et la succession de ses effets ; le second a une situation très précise. Le premier, c'est le remplacement de la lecture orale par la lecture mentale ; le second, c'est la révolution de 1789.

Longtemps, j'ai cherché à comprendre l'importance du blanc dans la poésie post-mallarméenne. Je voyais bien qu'il changeait la nature de la page, et de support indifférent la métamorphosait en espace significatif. Le poème, grâce à un blanc, se passait quelque part, sans doute en un lieu analogue à celui de son apparition dans l'espace mental. Mais qu'est-ce que l'espace mental ?

J'aurais voulu trouver une histoire des espaces mentaux. Elle aurait pu s'appuyer sur l'évolution des formes architecturales, qui conjuguent chacune à leur façon le volume et la lumière. La villa palladienne n'a pu être pensée par la même tête que l'église romane. Par ailleurs, j'étais obsédé par le rôle de la pensée visuelle, et par les rapports du visible et du mental.

Quelqu'un – c'était je crois Jean Louis Schefer – a fait la remarque, au cours d'un exposé dont j'ai oublié le thème, que jusqu'à la fin du XVIe siècle et même en privé, on lisait en articulant les mots, en les énonçant... J'ai compris tout à coup le pourquoi du blanc : il a fallu qu'une mentalisation progressive s'opère pour que, par elle, apparaisse dans notre tête un espace nouveau.

La parole est passée de la bouche dans les yeux. Elle a surgi dans l'espace de la tête comme un événement. Elle a inventé une forme écrite capable de transmettre à la fois ce surgissement et la cristallisation qui s'ensuit.

C'est alors, mais pour d'autres raisons, que j'ai lu l'ouvrage de Frances Yates intitulé *L'Art de la mémoire*. Dans les premiers chapitres Frances Yates fait l'histoire de la mémorisation. Vers la fin du Ve siècle avant notre ère, un Grec, Simonide de Céos, invente un art de la mémoire afin de venir en aide aux orateurs. Le principe en est simple : il faut d'abord se représenter une architecture et quand on l'a bien en tête déposer les éléments de son futur discours dans chacune de ses parties. Supposons une maison de quatre pièces : je l'érige mentalement, je dispose mon introduction dans l'entrée, mon développement dans le salon et le bureau, ma conclusion dans la chambre ; ensuite, quand je parle, je visionne la maison et m'y déplace pour y retrouver au fur et à mesure les éléments déposés.

Cet « art » de la représentation mentale, perfectionné plus tard à Rome, notamment par Cicéron, fut repris au Moyen Age. Il aurait permis à Thomas d'Aquin de mémoriser les cinq cents volumes nécessaires à son travail par le recours à une construction évidemment plus vaste qu'une simple maison : Thomas d'Aquin s'était mis en tête une cathédrale aux nombreuses chapelles, et dans chacune il déposait telle ou telle partie de ses connaissances.

La promenade dans la cathédrale mentale permet d'imaginer un espace mental complètement structuré, hiérarchisé, centralisé. Le manque de livres pousse à intérioriser ce vaste magasin du savoir. Temps de disette, où les riches ont des greniers immenses.

La tête-cathédrale résume toute l'organisation de la société, avec au centre le grand bibliothécaire invisible et barbu, qui gère l'ensemble des cerveaux et des cœurs, et qui tranche du bien faire et du mal savoir.

On devine que le principal apport de l'imprimerie a été de libérer la tête : plus besoin d'y ranger ce qu'on pouvait mettre sur des rayons et retrouver d'un seul coup d'œil. La tête libre appelle une nouvelle société parce que l'autorité centrale est désuète. Le sens, si je puis dire, change de sens : il ne tourne plus sous les voûtes qui le répercutent à l'infini, mais bondit en avant vers l'inconnu, interminablement.

Second fait historique : la révolution de 1789. En fondant l'Etat sur la laïcité, elle change la nature du lien social. La rédaction de l'Encyclopédie précède la Révolution. L'Encyclopédie est la nouvelle bible, celle de la création humaine. Elle est le trésor des mots et des connaissances ; le trésor des gestes et des techniques décrits et conservés par les mots. On peut recréer la création humaine à partir de l'Encyclopédie parce que tout y est dit justement. Cette justesse fonde désormais la relation sociale.

Au temps de Dieu, le péché ne pouvait être commis qu'en bas : il n'empêchait pas la circulation mentale du sens puisqu'elle s'effectuait par en haut ; tout au plus en séparait-il le pécheur coupable de péché mortel mais il lui suffisait de se confesser pour retrouver le sens. Aujourd'hui le péché attente à la justesse nécessaire de la langue : c'est un abus de langage, et il ne peut être commis qu'en haut par l'Etat, qui a la responsabilité du parler juste.

L'abus de langage détériore la relation sociale et prive le sens de son sens. On peut faire l'histoire de cette privation tout au long des deux derniers siècles : elle correspond à la trahison des droits de l'homme par ceux-là même qui s'en réclament, de la bourgeoisie libérale, mais impérialiste, aux régimes socialistes, mais totalitaires.

La privation de sens est la situation ordinaire : elle s'exerce sans que nous en percevions les effets. Sa caractéristique est d'ailleurs d'être imperceptible, à la différence de toutes les contraintes inventées jusque-là par le pouvoir. La privation de sens – ou *sensure* – est l'arme absolue de la démocratie : elle permet de tromper la conscience et de vider les têtes sans troubler la passivité des victimes.

L'art d'aujourd'hui, tellement soumis au marché, est l'exemple même d'une soumission à la sensure, qui passe pour la liberté. L'une de ses valeurs suprêmes est la nouveauté. Qu'est-ce que la nouveauté ? Un truc immédiatement identifiable. Le culte de la nouveauté a conduit l'artiste à démonter l'art comme l'enfant démonte un jouet. Et chacun d'exhiber l'une des pièces que l'art avait dans le ventre : une roue, un ressort, un brin de paille. Bien entendu, le ressort ou le brin de paille deviennent la spécialité d'un tel ou d'un tel au point de redoubler sa signature. Redoublement qui accentue l'importance de la marque au détriment du contenu, et qui fait glisser l'œuvre d'art vers l'insignifiance et la marchandise.

Tout fait usage, tout a un sens, il le faut, sinon que devenir ? Vivre avec une chose qui n'aurait aucune fonction, ce serait vivre au bord d'un trou, et dans son abîme disparaîtraient assurance et certitude. Tout doit servir, et nous-mêmes qui servons l'espèce, et qui l'acceptons comme si là n'étaient pas la prison, la mort, l'intolérable limite. L'histoire récupère tout à son service, comme faisait Dieu autrefois ; sans doute n'est-elle que le vêtement de l'abîme, la couverture de l'insensé, mais elle nous le fait oublier en mettant de l'ordre dans les événements et dans le cours de la vie.

A cet ordre des choses universellement accepté, quelques-uns ont opposé une formule, qui devait entraîner la grande révolte : TOUT EST DE L'ART. L'exemple le plus célèbre en est l'urinoir exposé par Marcel Duchamp. Le fait de transporter cet objet de l'usine dans une galerie, puis au musée, a changé son statut, mais ce transport a gommé aujourd'hui la remise en question originelle. Sans doute Marcel

Duchamp n'a-t-il agi que pour son propre compte, c'est-à-dire en vue d'un bénéfice personnel qui a fait retomber son acte dans l'usage – à moins que voulant duper l'histoire de l'art, il n'ait été récupéré par elle au titre de l'opposant très utile.

La leçon à retenir de cette affaire ne serait-elle pas que, si le ready-made engage le nom, il n'engage pas la main, pas le travail ? Et comme le nom n'exprime que la valeur marchande, quand Duchamp signe l'urinoir, il lui confère la valeur de son nom. La main, au contraire, est inséparable du travail, et le travail est une empreinte du corps autrement solide que le vent du nom.

Conséquence : on pourrait proposer une nouvelle formule, plus radicale que l'ancienne, et qui serait celle-ci : TOUT TRAVAIL EST DE L'ART. Finalement tout-est-de-l'art suppose un bel opportunisme à l'égard de l'histoire, tandis que tout-travail-est-de-l'art ne fait appel qu'au plaisir de chacun.

Ce qui précède ne vient pas d'une réflexion générale, mais d'une assez longue relation avec les « choses » que fait Bertholin. Comment en parler sans les réduire à un usage artistique que leur fréquentation dénonce, ou ne cesse en tout cas de renvoyer ironiquement à la question : qu'est-ce que l'art ? Sans doute ne les voit-on que grâce à la galerie, au musée, mais ces lieux, tout en les situant, ne suffisent pas à les classer : elles leur opposent une résistance qui dérange. On voit très vite que les exposer n'épuise pas leur capacité d'apparition, de même qu'elles se retournent contre ce qu'on en dit parce que leur évidence suggère une chaîne interminable d'associations.

Ces « choses » sont d'abord une matière. Cette matière les caractérise si vivement qu'elle est plus importante que leur forme : constatation déjà tranchante car les œuvres dites d'art ont toujours transformé une matière déterminée en une forme déterminée, comme si l'une appelait naturellement (ou culturellement) l'autre. Ici, c'est à peu près l'inverse : cette matière révèle une invention. Elle ressemble à du bois, mais elle est beaucoup plus légère. Elle vit sous le toucher, elle a une odeur, une sonorité. On finira par apprendre qu'elle est faite avec du papier, du carton, mais l'un et l'autre à tel point transformés que savoir leur présence n'efface pas l'originalité de la matière. Quant aux formes des « choses », elles appellent les mots : bâtons, bûches, boîtes, coffres, stèles, tablettes, coquilles, cupules, bols, colonnes, planches, sans que ces dénominations rassurantes saisissent davantage qu'une apparence.

Autre caractéristique, et qui tranche également, la confection de ces « choses » n'implique aucun « métier », aucune connaissance esthétique, bien que leur ensemble représente un véritable artisanat – au sens archéologique du terme. Aucune de ces « choses » n'est plus belle qu'une autre ; aucune ne semble avoir plus de valeur qu'une autre ; aucune n'est plus ou moins réussie, plus ou moins ratée. On sent qu'on peut les disposer à son gré même si Bertholin, lui, ne les assemble probablement pas au hasard. Il les a jusqu'ici exposées par familles : les plates, les longues, les rondes, les stèles, les blocs... Aujourd'hui, il les accroche au mur, mais qui sait s'il ne veut pas désigner ainsi ce qui les sépare, souligner le vide, ou bien écrire l'espace ?

Nous avons l'habitude de voir des idées et d'en conclure automatiquement que les choses en sont faites. Nous ne sommes pas au monde mais dans une image volumineuse dont chaque élément se tient sous son explication. Si nous ne pouvons pas dire : c'est de l'art, nous ne courons aucun risque à déclarer : c'est du Bertholin. Or, il se trouve que Bertholin ne signe jamais : il fait et s'en contente. Chacune de ses « choses » est parfaitement anonyme y compris dans sa ressemblance avec les autres. Anonyme, oui, mais sa matière ne désigne-t-elle pas son origine plus sûrement que toutes les signatures ? La matière est la signature absolue.

Et d'autant plus que cette matière, bien que différenciée en séries de « choses », donne l'impression de compter davantage que les formes qu'elle constitue, si bien qu'elle paraît ne poursuivre à travers ses avatars que l'excellence de sa manifestation. D'ailleurs, ces « choses » sont plutôt des fragments, les uns et les autres détachés d'un tout, qui nous demeure inconnu. L'important est que ce tout ne soit pas différent de « sa » matière, et que tout et matière n'aient qu'une seule différence possible, qui est le travail de Bertholin.

Depuis pas mal d'années, on a beaucoup abusé du mot « travail ». Il s'agissait de démystifier « l'œuvre », et sans doute d'en démocratiser le processus. Finalement, comme en trop de domaines, la démagogie l'a emporté : on change de mot et rien ne change. Avec Bertholin, il suffit de rester suffisamment longtemps devant ses « choses » – le temps du moins qu'elles usent les idées auxquelles on cherche à les rapporter – pour que le mot « travail » s'impose, plus modeste que le mot « création », mais surtout plus interminablement créateur.

Le travail de Bertholin proclame la valeur de l'inutile, quand il est synonyme d'imaginaire, de jeu, de plaisir. Ses « choses » lui doivent leur nouveauté inclassable, et aussi leur beauté – une beauté qui ne relève d'aucune esthétique parce qu'elle doit tout au sens qu'elle exprime, et qui est : chacun peut en faire autant à condition d'aimer ce qu'il fait. Tout travail fait avec plaisir est de l'art, et pareil travail met au monde une liberté qui brise hiérarchie, compétition et pouvoir, c'est-à-dire la trinité de la société libérale.

Les « choses » de Bertholin désignent un espace où la pensée n'est pas seulement dans la tête : elle y circule comme une pratique et non comme un savoir. Chacun peut décoder ces « choses » à sa façon, ou bien en faire les personnages de la fiction qu'il veut se raconter. Leur sens n'est pas arrêté : il appelle en nous l'appétit d'une invention, qui sans cesse fasse surgir au bout des doigts comme au bout des yeux cet élan dont la vitesse change le mouvement mortel en condition du sens...

La crise du bonheur

La politique est temporelle. Elle ne l'accepte pas. Nous, non plus. Cette situation est récente : elle date de la Révolution et du divorce avec l'absolu. Nous sommes mortels – rien que mortels, et de moins en moins capables de l'être, car le face à face avec la mort nous met en fuite au lieu de nous déterminer à vivre absolument notre humanité. La Révolution, alors qu'elle est à l'origine de ce retournement, est devenue le dieu d'une illusion toujours reportée : nous l'avons attendue comme le messie du nouveau salut, puis la déception étant venue, nous l'avons rejetée comme si son nom même nous avait porté malheur. Il faut en finir avec cette déception : elle fait que notre présent est sans projet, comme frappé de paralysie mentale.

Les hommes meurent et ne sont pas heureux, dit Caligula. Et il les tue parce qu'ils ne se révoltent pas contre leur sort en faisant au moins l'effort d'être heureux. L'absolu permettait d'éviter le constat de Caligula en calmant tout d'un pansement posthume. Il permettait même qu'humanité rime avec immortalité. Au fond, ce qu'a ouvert la laïcisation de la société, c'est la crise du bonheur.

Le bonheur est un état et il est actif, il donne sens. Il est même le sens puisqu'il communique son mouvement à tout ce qui advient et qu'il change ainsi les circonstances en composantes de la continuité, comme le sens emporte les mots de la phrase.

Les régimes politiques rêvent d'assurer leur légitimité en assurant le bonheur, mais qu'ils soient de droite ou de gauche, totalitaires ou libéraux, tous ces régimes suscitent des sociétés mystifiées, et par conséquent soumises. La mystification devrait permettre, en théorie, d'obtenir la soumission, non pas au pouvoir mais à l'idée, cependant la bonne idéologie ne va jamais sans bonne police. Alors le pouvoir tâche de rattraper la contrainte par le bien-être. Cette situation et le décalage qui la fonde, a tout pour être tragique, elle n'est que caricaturale. Et d'autant plus que, sous tous les régimes, le bien-être est finalement l'issue vers laquelle se précipitent les mécontents, les opposants, les frustrés, les aliénés. On assiste alors à une démission générale dans l'abattement de laquelle chacun ne consomme que sa propre vie.

La consommation, bien que dévalorisée, reste la seule excuse, le seul alibi, d'un pouvoir dont l'apparence est désormais tout économique. La rivalité des

systèmes politiques se mesure au succès de leur économie, le reste est fioritures. Tout est donc marchandise, y compris la vie des individus dans un troc généralisé qui mêle les produits, les mentalités, les corps. On ne s'est pas aperçu que la société industrielle, d'abord considérée comme inhumaine, a si bien envahi tous les domaines qu'il n'y a plus de différence entre la société et l'industrie : nous ne sommes plus des humains mais des industriels. De là cette bureaucratie envahissante, ces plaisirs à la chaîne, ces villes qui sont autant de camps de la mort – une mort douce, bien sûr, dont chacun est l'inconscient complice robotisé.

Il est curieux qu'au moment où le monde n'a jamais produit tant de richesses survienne un tel abattement. C'est que notre matérialisme est une abstraction (autrement dit un idéalisme déguisé) : au lieu de ramener enfin l'esprit à sa place, dans notre chair, et de tirer de cette incarnation une liberté basée sur une responsabilité nouvelle, il n'entraîne qu'une dissolution des valeurs anciennes et la résignation à la perte du sens.

Nous vivons une faillite à l'époque où nous devrions vivre une renaissance. Il s'ensuivra une catastrophe. La terre prendra feu à cause de notre passivité et de tous ces projets sans avenir entre lesquels se partage, à l'Est comme à l'Ouest, l'activité de nos sociétés. Le pacifisme lui-même n'est plus un combat, c'est un repli vers la basse moyenne – ou bien un simple opportunisme. Il n'y a plus de compromis historique possible parce qu'il n'y a plus d'illusion tolérable : l'enjeu n'est plus d'ordre ponctuel ni stratégique, c'est l'humanité tout entière qui doit changer en découvrant qu'elle est seule et seule responsable d'elle-même.

Je ne me résigne pas à désespérer de la « Révolution ». Ou plutôt je ne me résigne pas à considérer son échec comme un acquis de la bonne conscience et une donnée définitive. Le principal échec de la Révolution, c'est d'ailleurs qu'on la prenne pour une fin, elle qui est un perpétuel mouvement. Dans un monde voué à la mécanisation et à la marchandise, les spectres sont bizarrement nombreux. L'utopie vaut mieux que la science des morts-vivants, car elle maintient battante l'ouverture. De même la révolte, qui a le défaut d'être une critique passionnelle, mais l'avantage d'aiguiser la vitalité. Révolte et utopie chassent les fantômes quand il faut, une fois encore, traverser les ombres pour retrouver son corps.

Et puis n'est-il pas évident – hélas de plus en plus – qu'à mesure que le mot « Révolution » perd son sens prospère tout ce que couvre le mot « racisme » ?

Face à face

Il n'y a pas de réponse. Autant lancer d'abord un NON puisqu'il faudra trancher. En conséquence, il n'y a pas d'assentiment. Chacun de nous est seul dans l'emportement d'une fiction. Je ne sais pas si « je » y est davantage qu'un événement. L'un de ces événements qui sont devenus aujourd'hui la mesure de la réalité, alors qu'ils la font partir en fumée. Tout est à reprendre, mais où est le commencement ? Nous sommes toujours au milieu du temps, et ses propres repères ne servent qu'à nous y égarer.

Pourquoi ce début ? sans doute par nostalgie d'une sortie qui reste introuvable parce qu'elle n'existe pas. Parfois je vais dans la nuit quand le ciel est clair, et l'espace des étoiles m'élargit tellement que je ne peux plus mourir que dans un élargissement infini. Non, il ne s'agit pas d'une image – ou bien c'est l'image de ce que serait la Révolution si elle ouvrait le rapport social au lieu de changer seulement la couleur de sa fermeture.

Le rapport social ? Je me demande comment chacun se le représente. Je me demande si l'on y pense encore. Nous sommes dans la confusion parce que tous ceux-là dont le rôle est de figurer ce rapport sont, dans ce rôle même, ou dérisoires ou ridicules. Aussi sommes-nous, socialement, dans une misère qui ressemble à la misère sexuelle : un manque, une absence, un vide. Cependant l'ordre n'en est pas troublé, mais l'intimité seule, qui n'a plus de lieu. On aurait pu croire le contraire, et que la carence sociale entraîne un repliement favorable à l'individu ; pas du tout, nous sommes des poissons sur le sable – sauf que nous le sommes sans douleur par ignorance de la mer, ou de l'espace infini.

Nous sentons le désastre, et il reste vague. C'est un trou d'air : on tombe dans rien. Mais j'arrête : non, encore une fois, NON pour arrêter.

Il faut rompre.

Nous sommes de gauche, dites-vous. Le malheur est que cela ne veut rien dire. Nous ne sommes de gauche que par le refus de cette insignifiance, mais si nous oublions qu'elle nous barre – que littéralement elle nous rature –, nous retombons en elle.

Nous devons partir de cette insignifiance générale, et non pas d'une affirmation. Nous devons partir de cette insignifiance pour constater qu'il ne s'agit pas d'un problème de langue, ni de langage, mais de société. D'une société qui s'en défend en accusant les mots, et qui nous transforme en accusateurs.

Que serions-nous sans la langue ?

D'où vient que la nomination, qui fut l'acte créateur par excellence, n'éveille plus d'énergie ?

Les langues font un bruit qui couvre le son de la langue. NON, je ne m'en tire pas par un jeu de mots. J'écoute, j'entends les nouvelles qui me donnent le sens du monde, mais qu'est-ce qu'un enlèvement plus une élection plus un cambriolage ? La réalité s'irréalise dans ce qui prétend la révéler : Je ne touche à rien, je tombe dans un trou.

Les événements deviennent au jour le jour des idées toutes faites. La réalité en est couverte. Les mots sont les pellicules des choses. Je le dis dans la menace de ne rien dire. Et dans mon dire, c'est la menace qui parle.

La menace qui me fait entendre qu'aucune valeur ne peut la conjurer. Aucune, que je m'exprime au nom de la gauche, au nom de la poésie, au nom de l'homme, je me fais rire moi-même. Tout est à reprendre mais il n'y a pas d'assise, pas de point de vue, pas de trait d'union à partir desquels s'armer d'une certitude.

Il n'y a de certain que la menace.

Et autour d'elle ce mouvement, ce glissement perpétuels qui sont bien sûr liés au temps, mais liés également à la langue, qui jamais ne s'arrête et qui ne s'envisage qu'à l'intérieur de son propre élan.

Mais qu'est-ce que cet élan ? N'est-il pas l'énergie ? De cette question en surgit une autre : au profit de quoi l'énergie de la nomination s'est-elle perdue ? Il en va aujourd'hui des mots comme de la monnaie : ils sont étalonnés sur des valeurs absentes, et la langue ne fait plus que de la représentation.

La représentation a pris la place de la création. La parole est proférée à partir des images. Les corps se taisent, ou bien ils s'exaspèrent à vouloir entrer dans leur ressemblance. Tout ce qui se tient dans les images est en état d'évaporation : buée de buée. La querelle récente de la forme n'était pas une querelle littéraire : il s'agissait de quitter le « fantomal » pour le corporel en captant l'énergie de la langue.

Langue qui est à la fois substance et système de transmission, à la fois véhicule et énergie, de telle sorte que l'utilité peut y étouffer l'invention, et le but étouffer le sens.

Langue qui peut reproduire, répéter, transmettre, mais qui s'égare dans ce semblant, car c'est la réduire à n'être que du déjà fait.

D'où la nécessité de rompre avec l'entraînement même de nos valeurs, de nos options, de nos choix pour casser la bonne image qu'ils représentent et basculer dans l'inconnu, dans l'invention.

Alors, l'avenir est impensable, et ce défi est justement le seul qui fasse taire l'idéologie et soit capable de ranimer la pensée politique. Pourquoi ? Parce que la pensée doit nécessairement se tourner vers la langue comme la première et la dernière des valeurs.

Retours de langue

Ma langue va mourir. On le dit, et sans doute en va-t-il des langues comme des civilisations, des religions. Ma langue va naître puisque j'écris, puisque nous l'écrivons, la parlons. Il faut à cette jeunesse toujours commençante le support d'une insondable vieillesse. Qui parle de décadence ? Les moribonds seulement, les muets, les traîtres, les bavards, les impuissants.

La langue naît d'une rupture : elle n'en peut plus tout à coup d'être au service de ses références, de les nommer, de les refléter. La langue française est naturellement soumise au signifié : elle doit fournir des preuves, détailler des comptes, fixer des règles, donner la représentation. Mais soudain, rupture, et non pas générale, rupture dans une bouche particulière, qui devient le lieu d'origine de la révolution.

En France, la langue commune est tributaire des

choses et du pouvoir : elle ne crée pas, elle enregistre. Il faut se désolidariser de cette articulation normale pour que naisse – dans cette langue mienne – la jubilation d'une liberté qui jaillit de la rupture individuelle. Alors, un instant au moins, tout se retourne à partir d'une bouche, et ce n'est plus le monde qui justifie les mots, car les mots l'éclairent.

Il y a dans ce pays un vieux complexe de légitimation : tout doit servir et tout est reconnu par rapport à la place occupée, mais qu'est-ce qu'une reconnaissance qui s'établit en délimitant ? La langue française a pour rôle d'ancrer ces limites, de les naturaliser par la nomination. Elle est aussi la substance du pouvoir. Elle est en soi médiatisante puisque, sous le prétexte de les faire communiquer, elle fige chacun et chaque chose dans sa fonction la plus servile.

Ma langue est morte dans le discours culturel. Ma langue remue son propre cadavre, le tourne, le relève. Ma langue naît dans la langue morte : elle arrache la peau qui trop signifiait, elle agite en l'air ce verbe défait, et le sens lui vient comme vient le souffle sur la nudité...

Cette langue-là n'est plus française dans son français : elle fait du monde son signifiant, et celui-ci modèle toute forme, car la chair se fait verbe pour que les corps soient l'avenir des mots...

Un geste et l'autre

L'usage de la main a permis que la bouche soit libre et puisse dire les mots que la pensée invente, sinon elle aurait dû continuer bêtement à mordre, à saisir, à porter. Aux gestes qui transforment le monde ou le conquièrent correspondent ainsi des gestes intérieurs, qui travaillent le souffle, le rythment, le modulent pour qu'il réfléchisse les effets de nos actions et de nos relations. Tout cela très sommairement dit, dans l'étonnement toujours de sentir la langue sculpter de petits morceaux d'air sans qu'il soit possible d'observer son mouvement ni d'où monte cet élan. Il y a derrière notre visage un au-delà qui n'a, pourtant, que la profondeur de notre corps, mais l'univers tout entier peut y tenir dans ses états passé, présent et même à venir.

Ce processus d'expansion interne à l'infini vient de la capacité d'accumulation que nous donnent les gestes verbaux : notre expérience, elle aussi, contient un au-delà qui élargit les limites de notre vie aux dimensions de l'humanité. Les gestes de la main, qui devraient n'agir qu'au présent et à bout de bras, ont depuis longtemps repoussé leurs frontières grâce aux outils puis aux machines. Ils sont maintenant mêlés à tel point d'intelligence que, devenus aussi discrets que ceux de la langue, ils n'existent presque plus en eux-mêmes tant ils se sont virtualisés en d'innombrables avatars machinaux, qui ont fait disparaître l'activité manuelle.

La liberté finit-elle par aboutir à une évanescence où s'efface la part qu'elle a libérée ? L'homme a délégué son geste et sa motricité à des mécaniques ; il délègue à présent sa mémoire et l'articulation de sa pensée à l'électronique, et cependant que le mot « manuel » devient désuet, tout ce que désigne le mot « manipulation » est en pleine croissance. Le poète se révoltait contre la main servile : elle ne l'est plus, bien qu'elle demeure au service de la bouche et porte encore vers elle la nourriture, mais ce faisant ne sert-elle pas plutôt l'unité de notre corps menacée de fragmentation par les images ? Et d'autant mieux que ne sont plus désormais véritablement manuels que les élans désignés par les mots « art » et « amour ».

La manipulation vise à dénaturer le flux du sens, c'est-à-dire à vider la relation de son contenu tout en lui conservant son aspect ordinaire afin qu'on la croie inchangée.

La rupture de l'antique lien entre le geste technique et le geste verbal favorise l'installation de l'insignifiance : il s'ensuit la chute de la figuration, qui le symbolisait, et l'épuisement de l'effort d'interprétation, donc de réflexion, qui s'y attachait nécessairement. Dès lors, tout devient décoratif, à commencer bien sûr par l'image qui, n'ayant plus à le faire réfléchir, entretient seulement l'illusion, et à continuer par l'art qui, ayant renoncé à la production symbolique, ne prend l'allure conceptuelle que pour déguiser l'absence de signification...

Soudain, tout cet enchaînement qui menait au noir s'interrompt à la vue de deux mains inoubliables : elles butinent une chaîne de fils, vont et viennent, suspendues, battantes et si rapides qu'on ne sait si elles poussent, tirent, piquent, pincent ou volettent. Il est vrai que fasciné par leur mouvement, c'est lui seul qu'on regarde et non pas ce qui est en train : une tapisserie, dans le grand atelier des Gobelins où se dressent les métiers de haute lisse. Là, dans ce temple du fait main, le point à point de l'activité manuelle congédie tout à coup le temps de la manipulation. Pourquoi ? parce que la chose faite ici est trop pleine de son propre accomplissement pour laisser le moindre espace d'insinuation entre son apparence et sa confection, entre sa fonction et le regard porté sur elle.

« Manuel : qui se fait avec les mains », déclare simplement Littré pour définir le terme, et Robert n'en écrit pas d'abord davantage avant de se décider plus loin à préciser : « Se dit de toute activité constructive où la main, le travail physique jouent un rôle essentiel par opposition à "intellectuel ou spirituel" ou encore à "esthétique". »

Cette explication situe le mot dans un passé où « manuel » était quasi synonyme de travail pénible et où « physique » ne valait pas mieux. Aujourd'hui, au contraire – et pour la première fois dans l'histoire –, la mode est à la dévalorisation du travail « intellectuel ou spirituel », alors que nous sortons d'une époque où l'activité « esthétique » réclamait un statut identique à celui des « travailleurs ». L'étrange, dans ce processus de dévalorisation, n'est pas qu'il détruise la vieille hiérarchie qui, depuis toujours, plaçait le « spirituel » au-dessus du « physique », mais que, parallèlement à la délégation de nos qualités intellectuelles à des machines, il abaisse en nous ce qui passait pour caractéristique de l'humain. Le corps ne tire plus sa valeur d'être un porte-esprit : il est traité à la fois comme un sujet-consommateur et un objet-consommant qu'on manipule l'un par l'autre.

Le spectacle de ces mains qui lancent le fil, qui le glissent, le passent, le nouent, toujours aériennes dans l'allégresse de leur propre maîtrise – ce spectacle déclenche derrière les yeux du visiteur une crise : rien ne va plus, ni le temps, ni le sens, ni la présence. C'est que la main, ici et en ce temps, ne fait pas qu'une tapisserie : elle continue et elle projette – continue à inscrire le présent dans la chaîne de la durée ; projette la réflexion dans le geste de telle sorte que chaque point soit dans le voisinage de son avenir. Bien qu'indubitablement « manuel », ce travail ne saurait être défini par opposition à « intellectuel » et à « esthétique » : il inclut les deux et, de ce fait, dérange l'ordre des choses actuel réglé par la vitesse où, perpétuellement, viennent s'accélérer la production et la consommation. La main introduit dans cet ordre-là un ralenti, qui est son rythme et sa justesse, et qui a pour effet final d'ajouter à l'œuvre terminée un contenu mystérieux.

D'où vient le sens ? Non pas de la figure ou de la forme, bien qu'il ait avec elles partie liée, mais d'une impression générale dont le foyer se déplace avec notre regard et, à son contact, fait surgir de la surface une sorte de chaleur ou d'épaisseur analogues à celles que nous éprouvons dans la proximité d'un corps. Ne dit-on pas d'une œuvre qui ne suscite rien de pareil qu'elle est plate ? L'intervention de la main ne suffit pas à fournir une charge spatiale, mais le mystère est justement dans le rapport qui s'établit entre le temps donné à l'œuvre et sa vitalité.

Aussitôt formulée, cette proposition est mise en défaut par la pensée que le « temps donné » y est entendu comme une quantité : comment la quantité pourrait-elle se métamorphoser en qualité ? Surtout à une époque où la quantité a tué toutes les valeurs de qualité pour assurer le règne absolu de la marchandise... L'un des facteurs pourtant les moins incontournables de cette manufacture des Gobelins est la quantité de temps nécessaire à la composition de toute œuvre de tapisserie ou de savonnerie. On l'oublie en regardant les figures rapides que les mains tracent en l'air devant la chaîne, mais on l'aperçoit quand même dans l'infime surface gagnée simultanément par le tissu. Ce qui frappe alors, c'est moins de voir s'esquisser une résolution entre la quantité des gestes et la qualité de l'œuvre qu'une nouvelle contradiction entre les sujets actuels, qui se servent de cartons, et la nature d'un travail qui échappe à toute actualité. Plus précisément, ce qui frappe est la chose à laquelle on ne penserait pas devant la tapisserie terminée – ou qu'en tout cas, même en y pensant, on ne se représenterait pas, et qui est la vertigineuse différence entre l'œuvre du peintre et celle du lissier.

Il faut, pour l'envisager dans sa dimension réelle, commencer par écarter le problème de l'interprétation et de la ressemblance. Oui, la tapisserie interprète une œuvre picturale et le fait dans le mouvement de la ressemblance, mais tout cela relève seulement de la loi fondamentale du genre, qui veut que toute tapisserie soit créée à partir d'un carton, ledit carton jouant le rôle que le plan détaillé jouerait à l'égard d'une œuvre littéraire. Les romans s'inventent aujourd'hui à partir des révélations successives qui naissent de l'avancement du texte et non pas à partir d'un plan romanesque ; les tapisseries d'aujourd'hui se composent à partir d'œuvres qui ne sont pas des cartons mais des peintures, dont les lissiers tirent eux-mêmes un motif d'invention.

Là n'est pas, bien entendu, le vertige évoqué plus haut : il est dans la constitution même de la différence des gestes qui, du côté du peintre, frisent l'instantané ; du côté du lissier, jouent avec l'interminable. Deux excès s'opposent, que la ressemblance paraît résoudre, mais qui n'en confrontent pas moins la vitesse et la durée. Reste qu'ils sont manuels tous les deux, et l'un comme l'autre portés par cet élan d'expression que le mot « art » désigne. Et sans doute le mot « amour » s'est-il présenté tout à l'heure au voisinage du mot « art » parce que son élan n'est pas étranger à ce qui fait jaillir le geste du peintre.

L'abîme s'ouvre entre l'instantané du geste pictural et l'inlassable répétition nécessaire pour reproduire ce même geste dans la tapisserie, mais si l'on tire le mot « reproduction » vers son penchant sexuel, le geste du peintre dépose sur la toile un jet de matière, qui retrace un mouvement intérieur tandis que le geste passionnément répétitif du lissier est une infinie caresse amoureuse, qui dépose dans la durée l'intensité que le peintre dépensa dans l'instant. Une nouvelle ressemblance surgit alors, qui se joue invisiblement dans la main, et qui trouve en elle sa concordance avec l'évolution générale de l'histoire de l'art ; évolution marquée par la lente domination de la matière sur l'image.

Autrefois, l'image avait pour fonction d'émouvoir et d'instruire à travers sa lecture ; à présent, c'est la matière qui émeut directement à travers l'impression qu'elle exerce. Lire exigeait du temps ; impressionner est immédiat.

Le geste du lissier lit le geste du peintre, mais sa lecture est purement matérielle. Ce geste effectue un renversement comparable à celui qu'effectuait le spectateur quand, délaissant l'image et la vision d'ensemble, il essayait de rencontrer la main du peintre, son mouvement particulier, dans un détail.

Le geste pictural traditionnel était sous la dépendance de l'œil puisqu'il empruntait à la vue tous les éléments qu'il figurait avec exactitude ; ce geste-là n'était pas « gestuel » comme celui qui, dans l'art actuel, extériorise un événement obscur auquel l'œil n'a pas accès. Le geste-gestuel précède le regard, qui constate sa trajectoire ou la déchiffre, mais à aucun moment ne la dicte.

Quand l'œil ordonne le geste, c'est la tête derrière lui qui gouverne ; quand le geste va en toute indépendance, c'est le corps qui, derrière lui, fait signe. Et ce geste porte au jour quelque chose que le jour ne pouvait éclairer. La composition était un acte intellectuel, le geste inscrit un acte physique, qui s'adresse aux yeux mais pour viser à travers eux la même zone obscure d'où a jailli ce qu'il vient d'exprimer. La ressemblance change donc de nature : elle était formelle et visible, la voici organique et impressionnante.

Le geste du lissier transporte aveuglément ce qui, point par point, viendra vers la vue. Ce geste articule technique et réflexion tout comme la gestualité du peintre : il atteint lui aussi sa plénitude en devenant un automatisme, c'est-à-dire un savoir physique. Pareil geste est à l'événement intérieur ce que l'instantané photographique est à l'événement extérieur. Plus profondément, il représente une révolution interne de l'expression puisque la main, par lui, arrache à la tête l'exclusivité de l'intelligence afin de penser sensuellement – et en bas – ce qui jusque-là n'était pensé qu'en haut.

Le geste du lissier conjoint étonnamment une projection lointaine dans le temps et sa patiente constitution à travers une succession quasi infinie d'instants. Il retrouve par là l'équivalent de la touche. On ne voit ni le lin, ni la soie, le coton ou la laine : on voit la tendre dextérité des mains et l'air entre les doigts, qui paraît devenir la matière du tissage. Sans doute la brusque perception de cet élément aérien – où le regard également reconnaît le sien – fait-elle communiquer toutes les mains encore au travail, celles qui aiment, celles qui peignent et celles à qui la peinture fournit ici un excitant. Tout alors se croise et se bouscule dans un contact bouleversant, qui manifeste l'effort humain pour s'exprimer hors de soi-même et transformer ainsi la buée de sa vie en empreinte solide. Toujours le souffle doit reprendre souffle pour nouer son instant au flux de la durée, de même que, point par point, les mains intelligentes font renaître du temps qui la consume la figure de l'Art, laquelle aujourd'hui est tout simplement celle du prends-ton-temps...

La logique du bien

Depuis que les bombes du bien tombent sur le pays du mal, ce bombardement de purification nous fait oublier que le peuple irakien, pendant vingt ans, fut l'ennemi numéro un de l'Hitler de Bagdad avant d'être celui de l'ayatollah de Washington. De cette première guerre intérieure, nous ne savons pas grand-chose, bien que des milliers d'intellectuels irakiens réfugiés en Occident se soient battus auprès de nos médias pour qu'ils la dénoncent. A peine avons-nous entendu parler récemment du gazage des Kurdes irakiens. Il est vrai que ces victimes ne sont mortes par milliers que pour assurer les bénéfices de l'industrie chimique allemande autant que pour débarrasser le dictateur. Si l'on avait connu cette première guerre, on verrait dans celle d'aujourd'hui le passage de la répression nationale à la répression internationale.

Saddam Hussein a d'abord tué les communistes,

il a tué ses opposants, il a tué les intégristes : actions quelque peu brutales, mais si normales dans sa fonction qu'elles lui ont valu la considération de nos gouvernements et le droit de choisir dans nos arsenaux ce qu'on fabriquait de mieux dans le genre conventionnel puis dans le genre secret. Naturellement, nos ministres et nos généraux n'allaient vendre toutes ces armes à Bagdad que pour éviter, ici, le chômage et, là-bas, l'accumulation du capital, car, bien sûr, il était exclu que tout cet armement pût servir à autre chose qu'au maintien du dictateur au pouvoir. Un Chirac, qui cède une centrale nucléaire, sait qu'on ne peut en tirer que de l'électricité, tout comme un chimiste allemand, qui cède une chambre à gaz, sait qu'elle n'a jamais servi à gazer des humains.

Quant à se demander : qu'est-ce qu'un homme et quels risques lui font courir énergie nucléaire et gaz ? C'est évidemment une question déplacée dans l'univers des vendeurs puisqu'un vendeur ne connaît que des clients.

Alors, comment le roi des clients a-t-il pu devenir un ennemi aux yeux des vendeurs ?

La chose n'est pensable que par un changement d'état qui ferait de l'ancien client un concurrent, mais tel ne semble pas avoir été exactement le cas, l'invasion du Koweït étant moins un acte de concurrence que le moyen de se donner des capacités d'achat supplémentaires, donc d'être un encore meilleur client.

Où se situe le seuil de la mutation qui a fait du client par excellence l'ennemi en personne ?

C'est que ledit client à force d'exceller dans son rôle et de faire tourner nos usines a fini par disposer d'une telle quantité d'armes qu'il risquait de concurrencer les vendeurs non plus en tant que vendeurs mais en tant que puissances disposant seules de la capacité de décision impériale liée justement à la quantité d'armes. La chose aurait sans doute paru quand même tolérable si le client avait appartenu à la race des vendeurs, ou bien si ce parvenu s'en était tenu à écraser son peuple, mais le voilà qui fait le bravache et va jusqu'à menacer le représentant local des vendeurs, pourtant doté d'une armée invincible et qui n'a jamais hésité à violer les frontières, bombarder les civils, assassiner les politiques.

Gazer des Iraniens, des Kurdes ou des déserteurs n'avait pas plus d'importance pour l'ONU que n'en avait eu, pour la Société des Nations, le fait de gazer fascistement des Ethiopiens, mais s'en prendre aux puissances est racialement impardonnable : c'est dresser le Mal contre le Bien, ainsi que ne cesse de le clamer le grand prêtre de Washington.

L'Irak mène visiblement une guerre sale tandis que l'Amérique et ses alliés mènent invisiblement une guerre propre. L'Irak, en trois semaines, a reçu autant de bombes que l'Allemagne nazie pendant toute la Seconde Guerre mondiale : n'est-ce pas la preuve que Saddam Hussein est pire qu'Hitler ? Cette quantité avait suffi à tuer un million de civils allemands alors qu'elle a tué à peine quelques dizaines d'Irakiens. Il est vrai que le but poursuivi est de n'en tuer qu'un.

La logique pacifiste est de ne tuer personne ; la logique belliciste est de tuer le mal afin de ne plus tuer. Cette dernière démarche alimente aussi bien la forte pensée d'un général en chef à la belle carrure de manieur de gégène que le sommeil du juste d'un président amateur d'opérations chirurgicales. Tous deux prennent plaisir au spectacle de leur propre force, et ils se sont réjouis que la première nuit de leur logique ait eu « presque » la puissance de deux Hiroshima. Le rythme logique s'étant maintenu depuis lors, il doit donc approcher la soixantaine d'Hiroshima. Faut-il que le mal soit puissant pour braver soixante fois ce que le fameux Empire du Levant, malgré ses kamikazes, n'avait pu supporter plus d'une fois...

Emporté par sa logique, le belliciste traite le mal par la vertu d'un bien que la Palestine avait petitement expérimenté avec l'intervention des fusils pacifiques contre les pierres meurtrières. Cette intervention, forme originelle d'une « retenue » admirable, prouve que la logique de paix n'est également celle du bien que si elle est portée par la logique de guerre : c'est d'ailleurs ce qu'a intelligemment compris le grand politicien de l'Elysée quand il parle de « l'épreuve cruelle de la vérité ». Les pacifistes, qui ne veulent que la paix, n'ont évidemment rien compris à une « vérité » qui exige la paix par la guerre.

En fait, les pacifistes ignorent munichoisement que le mal est assez infini pour avoir déjà accompli ce qu'il n'a pas encore exécuté, et qu'il faut donc le traiter toujours en fonction de ce qu'il pourrait accomplir au lieu de s'en tenir à ce qu'il a effectivement commis. Fort de cette connaissance, le bien trouve en lui-même les moyens de vaincre justement, car il ne saurait y avoir avec le mal d'autre paix que son écrasement.

On ne saurait s'émouvoir de quelques « dégâts collatéraux » quand le règne définitif du bien est au bout de la guerre. Qui ne veut pas d'abord l'écrasement du mal ne peut qu'avoir démissionné devant lui.

La preuve

En France, la cour d'assises juge les crimes. On entend principalement par « crimes » le meurtre et le viol.

La preuve du crime est son accomplissement. Un corps assassiné, un corps violé sont la preuve d'un acte criminel.

La victime occupe ainsi la double position de victime et de preuve de son propre état. Elle est en somme identique à la réalité dont sa position témoigne.

L'établissement de la vérité suppose que le coupable soit mis à égalité avec sa victime. Il faut donc faire la preuve que, chez lui, l'acte criminel et la personnalité sont identiques.

La justice ne peut sévir que contre un coupable qui se confond entièrement avec sa culpabilité.

Il faut à la justice, face à une victime parfaitement victime, un coupable parfaitement coupable.

La victime n'a généralement besoin que d'être victime pour être parfaite : elle ne peut ni esquiver, ni dévoyer sa réalité. Le coupable, lui, se présente rarement dans cet état de perfection. D'abord parce qu'un humain ne cesse de déborder les limites de son identité ; ensuite parce qu'un coupable s'éloigne de son acte et n'a guère intérêt à l'assumer.

La justice ne peut juger que dans la vérité. Pour établir cette vérité indispensable, elle n'a d'autre moyen que la preuve. Une preuve dont l'effet doit être radical. Et même absolu.

Cette preuve, il arrive que le flagrant délit la constitue tout naturellement, mais il n'est pas naturel qu'un criminel montre ainsi sa nature. La justice, d'ordinaire, ne peut compter que sur elle-même, c'est-à-dire sur ses serviteurs.

Chaque serviteur de la justice travaille à l'apparition de la vérité en menant une enquête, qui doit fournir la preuve. Puisque toute victime suppose un coupable, l'existence d'une victime déclenche aussitôt ce processus, lequel ne s'arrête que par la confusion du coupable avec sa culpabilité.

Cette confusion rétablit l'ordre : elle disculpe la société d'avoir contenu une culpabilité non identifiée.

A défaut de preuve, la justice s'est contentée pendant très longtemps de l'aveu, car il faisait adhérer intimement le « je » de l'accusé et la culpabilité.

L'aveu s'obtenait par des techniques précises, qui savaient tresser ensemble l'accusation et la question.

L'aveu a perdu sa valeur de preuve depuis que la psychologie et la psychanalyse ont ravagé les certitudes – la simplicité des certitudes.

On doute aujourd'hui de l'aveu parce qu'il peut provenir du masochisme ou de la tentation du vedettariat ; on doute des témoins parce que le regard ne voit pas forcément la chose réelle dans la chose vue ; on doute de la police parce qu'elle a un penchant naturel à fabriquer de la culpabilité. Toutefois on ne doute pas des juges parce qu'ils tiennent compte de tous les doutes dans l'établissement de la vérité.

Le juge – à l'aide du cérémonial du jugement – articule tous les éléments de telle manière qu'en jaillisse le sens, et avec lui un acte de conscience, qui fera la preuve.

La cérémonie est d'ailleurs dialectique : d'un côté, la défense ; de l'autre, l'accusation ; entre les deux, la Cour, souverainement objective.

Le Président est à la fois la pointe de la conscience spectatrice et l'animateur du combat dialectique (Michel Serres a raison : la dialectique, c'est la guerre). Il ne distribue pas les rôles, puisque le crime l'a déjà fait, mais il en distribue l'expression.

En France, l'accusé est présumé innocent. La cérémonie a pour but de faire la preuve du contraire. Elle s'y emploie raisonnablement en supposant qu'il n'est pas raisonnable d'occuper sans raisons le rôle d'accusé.

Le cérémonial prend toujours de l'avance sur

l'effet de la cérémonie. L'accusé arrive tenu en laisse par un gendarme et les mains enchaînées. Il n'est délivré qu'une fois dans son box, mais reste là flanqué de son gardien. Et le Président s'empresse de l'attacher de nouveau par le ton sur lequel il lui demande de décliner son identité.

Le cérémonial destiné à établir incontestablement la preuve au bout de la cérémonie est, en soi, créateur de preuve par la situation où il met ses différents acteurs. Il peut arriver que la défense renverse cette situation, mais, en principe, elle n'a aucune chance d'y parvenir.

Pourquoi ?

Parce que la justice sait essentiellement ce qui est juste.

Ainsi le jeu est très rapidement clair d'un juge qui veut la vérité, toute la vérité et rien qu'elle, et d'un accusé, qui ne cherche qu'à échapper à son propre rôle.

Toute la dialectique vise à ramener le fuyard dans sa peau, et c'est un théâtre à l'envers qui se joue puisque son paradoxe est d'obliger l'acteur à s'incarner en lui-même au lieu de s'en distancier dans un personnage.

Pour peu que le cérémonial soit bien conduit, toutes ses péripéties concourent au même effet de preuve, y compris bien sûr les interventions du médecin, du psychiatre et des témoins à décharge. Il suffit que le Président, son hermine et sa robe rouge, soient la preuve vivante de l'autorité absolue de la Justice pour que cette autorité agisse comme un révélateur et métamorphose les petites preuves de la défense en monnaie trébuchante de la culpabilité.

En vérité, il y a preuve et preuve, tout comme il y a l'argent des pauvres et l'argent des riches qui, sous un même nom, ne sont pas de même nature. J'ai vu, par la grâce de cette différence, un innocent changé en coupable parce que le juge connaissait les poids et mesures qui transforment la réalité en vérité.

Supposez deux hommes accusés d'un crime. L'un déclare qu'il tenait l'arme qui a tué, mais que le coup est parti dans une bagarre pour s'arracher ladite arme ; l'autre jure qu'ayant été assommé, il gisait sans connaissance au moment où le coup est parti. L'accusation produit trois témoins, qui sont les adversaires et les assommeurs, et qui cherchent visiblement la vengeance. Entendus bien sûr séparément, ces trois témoins se contredisent.

L'avocat général trouve l'affaire obscure et réclame en conséquence une peine légère. Le Président se retire avec ses acolytes et son jury. Quand il revient, la justice juge par sa bouche que l'assommé a été reconnu coupable à l'unanimité.

Ce jour-là, n'ayant su reconnaître par moi-même que l'innocence du reconnu coupable, j'ai compris que la simple existence de la Justice est, en soi, la preuve suffisante de son infaillibilité.

Degrés d'urgence

Il y a une quinzaine d'années, je fus invité à une émission d'Apostrophes consacrée aux « écrivains empêchés ». Ce titre bizarre désignait divers écrivains emprisonnés par leurs divers gouvernements, donc « empêchés » de s'exprimer – et par conséquent d'être présents. Chacun de ces « empêchés » était représenté, ce soir-là, par un écrivain libre et français... J'ai gardé un mauvais souvenir de cette émission par la faute d'une découverte désagréable.

Disons d'abord que la bonne conscience régnait sur le plateau puisque la cause défendue par tous était bonne. Ce consensus m'est rapidement devenu très pénible pour deux raisons. La première est que la défense des « empêchés » tournait au procès exclusif des régimes de l'Est, experts en internements psychiatriques, goulag et censure. Je n'avais rien contre ce procès, sauf sa régionalisation abusive, d'autant que je travaillais alors à la publication d'un livre, *Argentine, dossier d'un génocide*, qui révélait que les « empêchés » argentins, bien qu'appartenant à l'Ouest, subissaient tortures et mutilations avant d'être métamorphosés en « disparus ».

La comparaison entre le sort de ces « disparus » et celui des « empêchés » de l'Est m'a soudain donné conscience de cette chose élémentaire et néanmoins insupportable : il y a des degrés d'urgence dans l'horreur.

La seconde raison fut une confirmation plutôt qu'une découverte. J'étais là pour représenter Breyten Breytenbach à l'époque emprisonné (et je m'étais promis de parler aussi pour Abdelatif Laabi, emprisonné au Maroc et non invité sur ce plateau puisque sans représentant désigné). Je ne sais quels mots me vinrent quand Bernard Pivot me donna la parole – des mots mal soutenus par ma voix, mais qui m'entraînèrent très vite vers la mise en question de notre belle réunion.

Le vrai problème, dis-je à peu près, c'est que Breytenbach, en combattant l'Apartheid, contrevient aux lois de son pays, et qu'en conséquence son emprisonnement est parfaitement légal. Libre à nous de considérer que cette situation violente notre conception des droits de l'homme, mais au nom de quelle valeur d'ici nous y opposer puisque notre propre gouvernement reconnaît et défend la légitimité de celui de l'Afrique du Sud, et donc la légalité de ses décisions...

Autrement dit, la réciprocité des reconnaissances mutuelles fait que le « monde libre », quand il dénonce les pratiques de l'autre, en est toujours le complice puisqu'il ne prend jamais les mesures susceptibles de rendre sa dénonciation efficace...

Il est banal de constater que, sous n'importe quel Etat, les intérêts économiques ou stratégiques priment sur les engagements moraux, mais il faudrait enfin aller jusqu'au bout de ce constat et dire que l'individu le plus dépravé ou le plus malhonnête est infiniment plus fiable que tous les Etats promoteurs de mesures humanitaires. Cette corruption générale des valeurs par les institutions qui en sont les garantes entraîne obligatoirement une perversion de la liberté d'expression parce qu'il faut dès lors que celle-ci ait l'air de s'exercer pleinement tout en étant vidée de sa fonction. Il ne s'agit plus d'« empêcher » les écrivains par la contrainte mais par la dilution insensible du sens de leur travail dans le mouvement de la consommation des produits culturels.

Au milieu de ce processus d'étouffement indolore de l'écriture éclatent quelques grandes affaires d'« empêchements » violents ou – si j'ose dire – *à l'ancienne.* La plus retentissante concerne l'écrivain Salman Rushdie, condamné à mort par les intégristes de la république islamique d'Iran. Les médias s'indignent, les ministres de la culture sortent leurs discours et leurs médailles, Dieu lui-même y va de son tonnerre... Résultat : beaucoup de bruit pour rien. Pas une mesure capable de faire rapporter la Fatwa n'est prise. Mieux encore, deux assassins potentiels heureusement emprisonnés sont libérés au nom de la raison d'Etat (décision en effet raisonnable puisque c'est sous son couvert qu'on exécute d'ordinaire les écrivains).

La figure de Rushdie est admirable, et admirables sa résistance et son combat, mais la comédie des indignations gouvernementales a pour rôle d'amuser la galerie à ses dépens. De quoi pourrait se plaindre comparativement l'écrivain occidental et libre ? Juste d'un peu de mauvaise conscience à la pensée qu'il est, lui, au paradis de la communication. Quant à la qualité de cette dernière, voyons ! n'est-elle pas démocratique, elle qui repose sur le culte de l'audimat ?...

L'avantage médiatique de Rushdie, c'est qu'il reste (et restera, je le souhaite) indéfiniment assassinable. On peut exploiter ainsi encore et encore ce qui le menace pour en réitérer l'exemple, alors qu'on mentionne à peine (et pas toujours) la mort des écrivains algériens, égyptiens, irakiens, iraniens, palestiniens, soudanais, « malheureuses victimes » qui le sont en réalité des tueurs à gages que nos bons régimes préfèrent armer que désarmer : c'est plus rentable et ça fait de l'information.

L'étrange, dans ce contexte, est qu'un écrivain d'ici puisse regretter de ne plus trouver d'ennemi en face de lui. Non qu'il se plaigne de ne plus avoir l'occasion de faire preuve de courage devant la censure ou la mort, mais parce qu'il devine sous la liberté dont le voilà désormais gratifié, la volonté de le réduire à l'insignifiance. On assassine encore beaucoup, il est probable qu'on le fera de moins en moins dès qu'on saura – et discrètement – ne tuer que la tête.

Les gestes symboliques

Nous avons besoin de gestes symboliques parce qu'eux seuls peuvent condenser à l'usage de tous une signification indubitable. A la différence du discours politique sur qui pèse toujours le soupçon d'être partisan, donc limité, le geste symbolique frappe l'intelligence collective par une crédibilité immédiate. Cet effet est dû à la nature probante du geste qui, en s'accomplissant publiquement, ne peut pas tromper sur ce qu'il est, et qui, grâce à ce caractère évident, ranime une communication généralement réduite ou mortifiée. Tout à coup, et par voie de conséquence, la société retrouve un sens commun en même temps que la conscience d'une solidarité dans la mémoire partagée.

Le geste symbolique est ainsi à l'opposé de la prestation médiatique, qui a pour seul but de promouvoir par sa mise en avant une vedette, dont la fonction figurative est aussi vite consommée que le sujet un instant représenté par elle. On pourrait croire que tout ce processus participe encore du vieux système de l'identification, qui entraînait le spectateur à des postures mimétiques, mais il n'en est rien pour la raison que la vedette – politique, sportive ou autre : leur réception est interchangeable – n'offre qu'une apparence spectaculaire et non pas l'équivalent de l'engagement charnel théâtral. L'apparence défile, c'est un jeu de reflets successifs et irréversibles, qui distrait l'attention sans la retenir ni lui laisser le temps d'assimilation nécessaire à la pensée comme à la mémoire. On ne réfléchit plus, on croit le faire en zappant, et cela n'aboutit qu'à sectionner le temps et la vie en une suite de fragments où l'information et l'histoire perdent toute consistance, toute continuité. Les liens sociaux et le mouvement même de la relation s'en trouvent peu à peu affectés puisqu'ils se trouvent privés de ce qui les fonde et depuis toujours les nourrit.

Il est étrange, mais significatif, de constater à quel point les hommes politiques français, alors même qu'ils se disent soucieux de « rassembler », évitent les gestes susceptibles de crédibiliser cette volonté en la fortifiant par des actes expressifs. Tous optent pour le vedettariat médiatique, c'est-à-dire pour leur autotransformation en figures spectaculaires, qui circulent dans la tête de leurs concitoyens comme des ombres sans réalité. D'où, à la longue, le mépris desdits concitoyens pour des fantômes incapables de donner corps à leurs propos. On s'étonne du discrédit de la classe politique, l'explication en est simple : elle préfère l'image à l'action, et l'image est un voile que déchire l'actuelle crise sociale.

François Mitterrand, qui savait tout de l'art de séduire et de manipuler, n'a pourtant pas saisi l'occasion de faire le double geste symbolique qu'il était le dernier à pouvoir accomplir, et qui lui aurait probablement assuré dans l'histoire une place que ses roueries ne lui vaudront pas. Lui seul, parmi les personnages représentatifs, avait joué un rôle dans les deux fautes inavouées-inavouables de son pays : la collaboration et la guerre d'Algérie. Lui seul pouvait donc inventer le geste qui, à la fois, proclamerait ces fautes et, par cet aveu public, les effacerait en permettant une véritable réconciliation nationale dans la clarté de la vérité. Non seulement l'aveu n'a pas eu lieu, mais il a été simulé, notamment à propos de l'affaire Bousquet, ce qui a définitivement renforcé le mensonge, qui est la norme de la conduite française quant aux plaies de sa propre histoire.

Il y a, comme cela, des gestes symboliques nécessaires et inaccomplis dont le manque est assez évident pour être ressenti par la conscience des contemporains. On aura beau trouver des justifications à leur inaccomplissement, il n'en sera pas moins flagrant et douloureux puisque la blessure qu'ils auraient dû apaiser reste vive. Il y a aussi, et en beaucoup plus grand nombre, des gestes symboliques involontaires que leurs auteurs accomplissent sans en mesurer ni la signification ni la portée bien qu'ils soient plus parlants que toutes leurs déclarations. Comment monsieur Jean-Louis Debré et son grand maître, monsieur Alain Juppé, ont-ils pu à ce point être privés du sens de l'image, eux qui n'ont de cesse de soigner la leur, pour ne pas mesurer l'effet qu'auraient sur tous les gens de ce pays les coups de hache portés par leur police sur la porte d'une église. Voilà qui symbolisera pour toujours leur véritable façon de traiter la fracture sociale puisque l'église Saint-Bernard en était devenue le lieu manifeste et que sa porte, dans l'instant de l'attaque, représentait à la fois l'asile traditionnel réputé inviolable et le nouveau refuge de la solidarité.

Sens et culture

La culture doit remplacer Dieu. Ou tout au moins la religion, ce qui revient au même. Nous croyons assister au commencement de ce processus. En fait, il a débuté au XVIIIe siècle, et il conditionne la nature du sens aujourd'hui.

Deux événements sont fondamentaux. Le premier, c'est la publication d'un livre dans lequel l'auteur, non seulement dit « je », mais prend son « je » pour sujet, donnant ainsi à l'individu une primauté qu'il n'avait jamais connue : il s'agit bien sûr des *Confessions* de Jean-Jacques Rousseau. Le second événement est la rédaction, par un groupe d'écrivains sous la direction de Diderot, d'un immense livre dans lequel chacun pourra trouver, individuellement, réponse à tout : l'Encyclopédie. Ces deux événements en préparent un troisième, dont nous avons fêté récemment le double centenaire, la Révolution française. La combinaison de ces trois événements déclenche une mutation du sens parce que la montée de l'individu entraîne la chute de Dieu. Jusque-là, le sens provenait d'une figure centrale, qui le distribuait à tous à travers quelques intermédiaires, et qui en assumait absolument la fonction et le fonctionnement.

Désormais, le sens va passer sous la responsabilité de l'individu et tenir dans la qualité des actions et des relations humaines.

La laïcité remplace la divinité. Le corps social remplace le corps mystique.

Bien entendu, cette mutation ne se trouve pas réalisée d'un seul coup, d'autant qu'elle provoque une réaction violente. De plus, son processus se complique du fait que la Révolution dite française est très rapidement suivie de la révolution industrielle, laquelle entraîne une perversion du sens, qui annonce celle que nous vivons aujourd'hui.

La révolution industrielle a pour caractéristique fondamentale d'entraîner le remplacement des gestes du travail par des mouvements mécaniques, infatigables et indéfiniment reproductibles. Ce que faisaient le corps et la main est pris en charge par la machine. Il aurait dû s'ensuivre un progrès et une libération : tout le XIXe siècle y a cru cependant qu'il assistait à leur contraire parce que les dirigeants préféraient le profit au progrès.

Conséquence : le sens, qui aurait dû procéder des valeurs définies par la fameuse triade républicaine :

liberté, égalité, fraternité, a été orienté vers une seule : l'argent.

Le corps social s'est dégradé en corps économique. La seule vitalité du corps économique est la consommation.

Depuis des dizaines d'années, tout cela n'a fait que s'accélérer, et l'on ne parle aujourd'hui que compétition, concurrence, gagneurs.

Incontestablement, on vit mieux, mais pourquoi vit-on ? Ainsi reparaît le sens, mais dans son manque, dans son absence. Tant qu'il y avait un Dieu, le sens allait et venait à partir de lui ou vers lui, et la vie pouvait suivre vaille que vaille. Du jour où l'individu est devenu responsable, nous sommes sortis de ce mouvement.

Nous avons quitté l'infini divin pour entrer dans l'interminable humain.

Il s'ensuivit un déchirement, un déchirement que l'art et la littérature assument depuis plus d'un siècle, mais qu'aucun pouvoir, aucune forme de pouvoir, n'a jamais pris en compte, car tout pouvoir veut au fond rester absolu. Alors, comme au temps des rois, notre société fonctionne sur des figures, qui sont autant d'images dégradées de Dieu.

Il y a la figure de l'homme providentiel et le culte de la personnalité, il y a les champions, les stars, les présidents, la loterie, le loto, le tapis vert. Il y a tout ce qui fabrique du vedettariat ; mais qu'est-ce qu'une vedette ? C'est un tout petit dieu, qui ne peut guère vous dispenser qu'un autographe.

Voilà à quoi se réduit le sens tel que le font circuler aujourd'hui les médias. Et cette situation désigne l'abîme qui s'est creusé entre le progrès technique et l'absence de progrès mental – absence qui va devenir dramatique avec la nouvelle révolution industrielle où la machine prend en charge les fonctions du cerveau gauche (le cerveau raisonnable).

Si, une fois encore, cette Révolution n'est orientée que vers le profit, elle ne créera pas seulement de nouveaux pauvres, mais une sous-humanité.

Dans la société laïque, chaque homme ne peut trouver le sens qu'à l'intérieur de son activité et de ses relations, car, en l'absence de Dieu, activité et relations représentent le seul point d'appui dont nous disposons pour transformer le temps. Transformer le temps qui nous emporte vers la mort, le transformer en sens. Etre privé de sens, c'est être précipité dans l'emportement vers la mort, et ne trouver aucune prise pour lui résister.

Notre époque est en crise parce que les hommes voudraient aller vers le sens, mais leur appartenance au corps économique ne les porte que vers la consommation, qui est pure mortalité.

Les artistes, les écrivains, sont les derniers à pratiquer une activité qui donne un sens à la vie. Leur travail devrait servir de modèle à ce que la nouvelle révolution industrielle pourrait apporter à chacun.

Comment recréer un corps social, qui serait aussi le corps du sens ?

Le Dieu des poètes

Christian Guez est mort. Il ajoutait à ce nom des prénoms et des noms. Il n'arrivait pas pour autant à nommer sa personne ni son génie. A les encadrer. Nous non plus, qu'il dérangeait sans cesse par sa parole renée. Sans doute provoquait-il vivant plus de peur que d'admiration. C'est qu'il ne maîtrisait rien, tout en ayant la connaissance précise de son emportement. Dans la logique de cette position en porte-à-faux, il est l'inventeur d'une métrique mesurée et démesurée, qui rassemble ainsi contradictoirement le double élan de sa passion. Il mourait ce qu'il vivait, mais tirait du noir la lumière. Ce retournement, qui met en défaut toute normalité, ne lui permettait pas de se droguer du quotidien parce qu'il ne voyait dans le jour que les signes trop blessants de la grande douleur. Nous prenons pour de la folie l'incapacité de détourner le regard de cette condition réelle et de supporter ce qui s'ensuit. Dans l'amitié même, il y avait ce cri rayé, toujours revenant comme un rappel. Ceux qui l'ont entendu l'entendront encore et encore, bien que tout change à partir de la mort et se renverse dans l'autre sens, car la beauté de l'œuvre se lève au-dessus du désastre.

Christian parlait souvent des anges, et à chacun de ses amis il donnait le nom de l'ange qui lui paraissait exprimer le mieux sa figure intime. Il parlait aussi couramment de Dieu et de la Vierge, mais ces mots-là ne désignaient personne d'autre qu'eux-mêmes au milieu du langage, c'est-à-dire quelques syllabes toujours chargées d'énergie et capables de la faire rayonner. Chaque poète crée sa langue dans la langue de tous : il travaille donc à partir d'un matériau déjà sensé dont toutes les parties ont des références précises, et ce n'est évidemment pas la nomination qu'il transforme, mais le geste verbal qu'elle contient et qui active entre les bouches, comme entre les bouches et les choses, ce système de relations qu'on appelle la communication. Il faut écouter, dans le bruit aérien des mots, le froissement du geste qui les oriente ou les porte, car ce geste est tout le mouvement du sens.

Un mot en soi n'est qu'un mot réduit à ses attaches. Le même mot dans un poème est à la fois le même et autre. Il n'est d'ailleurs là que pour se lever de lui-même (ou bien pour faire retour sur soi et dévoiler son origine). Toujours, la *poéticité* nous entraîne à dévoyer la littéralité du poème au profit d'une interprétation idéale ; toujours nous risquons de nous tromper de Dieu dans le mot Dieu pour peu que nous ayons oublié – éventuellement grâce au poème – que Dieu n'est justement qu'un mot.

Dire, comme je l'ai fait dans « Sens et culture », que « la culture doit remplacer Dieu » était un raccourci provocant pour dire que notre destinée, enfin, n'a plus d'alibi. La culture sera désormais le sens de notre vie, ou rien : un rideau d'illusions. Mais cette ouverture survient à une époque où ce n'est pas seulement l'ensemble des valeurs fondatrices qui se retourne, c'est la condition humaine tout entière parce que le progrès technique enlève à l'homme la satisfaction créatrice qu'il tirait jusqu'ici de son travail en tant que producteur et ne lui laisse plus espérer de satisfaction qu'en tant que consommateur.

Ce renversement achève une évolution qui a vu toutes les valeurs devenir marchandises tandis que le travail se vidait de son sens créateur. Dès 1924, pour vanter les mérites du travail à la chaîne, Ford expliquait que le progrès technique élimine heureusement *l'art de l'homme* car la machine dispense l'ouvrier de son savoir-faire et permet de le spécialiser dans une seule opération que l'individu le plus stupide peut apprendre à exécuter en deux jours. Le progrès de ce progrès, qui est l'électronique, est en train de permettre que quatre-vingt-quinze pour cent des humains soient réduits au rôle d'individus stupides pour peu qu'à la place de les révolter par le chômage, on leur accorde l'imbécillité heureuse de la consommation.

Ici intervient le Dieu des poètes, et d'abord parce qu'il ne propose à la consommation que son inexistence. Ce Dieu-là n'admet pas que l'effort indispensable pour le créer soit consommé : il exige que l'appelé crée en lui-même la création de l'autre. Lire n'est pas consommer ; regarder n'est pas consommer ; écouter n'est pas consommer : c'est faire en soi le geste originel pour être le sens qui en découle.

Il faut que la culture ne soit pas les parties brisées... (Les horlogers suisses ont appelé ainsi le travail parcellaire auquel les condamna l'évolution industrielle en faisant qu'au lieu de fabriquer chacun sa montre, chacun dut se spécialiser dans la fabrication d'une seule pièce – partie brisée de l'unité.) Les médias sont là pour démembrer le Dieu afin que ses parties brisées n'excitent plus la vitalité ni l'intelligence, mais composent la drogue quotidienne de l'imbécillité heureuse.

Le Dieu des poètes rature dans le mot Dieu toute la finalité au profit du seul lever, si l'on pense au mot de Rilke : « Dieu se dresse à la fin de la direction qu'il montre dans un éternel lever... » Et se lever éternellement, c'est n'être pas encore, en vérité c'est n'avoir encore jamais été qu'appel infini du sens...

Notre culture est menacée

Notre culture est menacée. Cette menace, je crois, est d'une espèce très nouvelle. Je vais essayer de dire pourquoi.

De tout temps, le pouvoir a voulu contrôler la culture. Mais ce contrôle fut toujours exercé de l'extérieur. Je veux dire que c'est de l'extérieur – par la loi, par la morale, par la force – que le pouvoir contrôlait ou faisait taire.

Jamais le pouvoir n'a su toucher aux formes, qui génèrent le contenu des œuvres. Il lui suffisait, pensait-il, de contrôler le contenu. Et, paradoxalement, parce que nul ne l'ignorait, ce contrôle de la signification immédiate renforçait la qualité du sens.

Il n'existe aucune illusion de liberté ni sous le pouvoir absolu, ni sous les régimes totalitaires. Cette illusion n'est vivace que sous les régimes libéraux, et c'est pourquoi – justement – notre culture est en péril.

L'illusion libérale de la liberté permet à chacun de dire ce qu'il veut tout en dévoyant cette possibilité. Toute parole nous est permise afin que, par l'inflation, toute parole soit doucement privée de sens.

Le projet n'est jamais de nous réduire au silence : il est de nous exploiter, non pas selon la tradition en rétribuant mal notre travail, mais en détournant de son but le sens que nous produisons.

La crise économique ne recouvre pas exactement ce qu'on nous dit. Elle n'est pas seulement un problème de production et de consommation. Cette crise est aussi le masque d'une mutation nécessaire de l'emploi du temps.

Depuis toujours l'humanité consacre l'essentiel de son temps à la survie. C'est fini. Ce temps est fini. Bien sûr, ce n'est que virtuellement fini tant que le monde sera peuplé de millions de chômeurs et de centaines de millions de sous-alimentés.

Le maintien du chômage et de la misère, comme le maintien de la course aux armements et de la guerre, sont un combat du vieux monde contre le présent. Notre culture est en péril, parce que la culture est à la veille de devenir le produit numéro un de la consommation mondiale.

Elle est en péril parce que, pour la première fois dans l'histoire, les hommes et les femmes vont disposer du temps de se cultiver et, se cultivant, de répondre par eux-mêmes, par leurs choix personnels, à ce besoin général qui porte le nom de « culture ».

Alors, il devient urgent pour le pouvoir, non plus de contrôler la culture mais de la fabriquer, de faire prendre pour la culture des produits susceptibles de rapporter un maximum d'argent : ça, c'est le premier temps, celui dans lequel nous sommes – et susceptibles, dans un deuxième temps, de façonner un public propice, un public soumis.

Déjà, la valeur culturelle ne se définit plus en terme de qualité ou de quantité.

Le meilleur produit culturel – nous fait-on croire – est celui qui a été consommé par le plus de gens : on comptabilise la consommation pour tendre au consommateur un miroir où la qualité a son visage.

En somme, on veut le séduire avec ses propres traits.

Mais on se garde bien de lui dire que la valeur culturelle n'a d'autre critère, dans l'intimité de chacun, que l'amour éprouvé dans son propre cœur.

On fabrique l'amour du consommateur à coups de pourcentages, comme s'il ne pouvait tomber amoureux que de celui ou de celle qu'aime tout le monde. Bien des fois, j'ai entendu dire : 1 % d'écoute ce n'est rien...

Mais, ai-je fini par réclamer, c'est combien de gens ? Et selon les époques, on m'a répondu : 300 000, 400 000.

Est-il possible que 400 000 personnes soient à peu près personne ? Nous sommes à un tournant de l'histoire : un tournant du rapport de l'homme avec le quotidien, donc avec le temps, donc avec soi-même, donc avec les autres.

Dans ce tournant, les notions de travail et de loisir sont à repenser complètement. L'homme, au cours de l'ère industrielle, a été dépossédé de son travail. Aujourd'hui, dans l'ère qui s'ouvre, il s'agit de déposséder l'homme de son loisir.

C'est là, dans ce tournant, que notre culture est menacée.

Car rien n'est plus rentable qu'un produit culturel dont on réussit à imposer la consommation.

Au lieu de n'exercer qu'un contrôle, le pouvoir, aujourd'hui, a les moyens d'éliminer ce qui ne lui convient pas, les moyens de rabaisser la culture à un produit de simple consommation fabriqué selon les modèles garantis par les pourcentages. De plus, l'audiovisuel, parce qu'il bâillonne à la fois la bouche et les yeux, peut occuper totalement la mentalité, la vider de sens.

Pour résister à cette menace, il ne suffit pas de la désigner, de la dénoncer, il faut aussi tenter de préciser ce qu'on veut nous empêcher de comprendre au nom du mieux-disant culturel. Ce sera, je l'espère, le rôle des Etats Généraux de la Culture que nous fondons ce soir.

Simplement, pour conclure, j'aimerais évoquer le possible : nous sommes en train de vivre l'arrivée d'une époque où le loisir tiendra la place que, dans le passé, occupait le travail. Ce loisir-là, bien sûr, n'aura pas le sens que nous lui donnons aujourd'hui par référence à nos week-ends et à nos vacances : ce loisir-là pourrait bien ressembler à ce que l'artiste, depuis toujours, appelle son travail...

Pour la culture

Le 9 février dernier *, nous étions quelques centaines à lancer le mouvement des Etats Généraux de la Culture. Nous sommes aujourd'hui des milliers, mais TF1 n'en a pas moins été privatisé. Cette privatisation, qui fut une comédie jouée avec la complicité des délégués du pouvoir, nous instruit sur la place réservée à la culture tant qu'elle relève du service public, puis dès qu'elle devient une propriété privée.

Non, il n'est pas trop tôt pour en juger, car tout choix symbolique éclaire déjà son propre avenir. En optant pour Bouygues, on a choisi l'homme qui ne respecte qu'un seul engagement : celui d'agir au mieux de ses intérêts. Ce qui sera bon pour son porte-monnaie servira de critère à la qualité culturelle. On est

* Le 9 février 1987 au Théâtre de l'Est parisien.

sûr qu'avec lui – la chose est prouvée par le système de concurrence qu'inaugure la guerre des vedettes achetées à coups de millions – la culture évoluera au plus vite vers sa transformation totale en marchandise.

Nous allons même découvrir que la manipulation politique – bien obligée un jour ou l'autre d'avouer qui elle sert – est moins dangereuse pour la culture que le *mieux-disant culturel* et la loi libérale et cynique du profit. La politique appelle un sens, même s'il est unique, le profit n'appelle que l'argent. La crainte de la privatisation nous avait mobilisés, sa réalisation nous oblige à inventer une résistance.

Mais que couvre le mot « culture » ? Certainement pas un domaine spécialisé ni des activités élitaires. La culture est la vie entière, c'est-à-dire la vie dans le moment où elle réalise sa propre unité en ne séparant plus travail et loisir, quotidien et pensée, plaisir et connaissance, amour et obligations sociales.

La culture n'est donc pas un produit : elle est l'acte par lequel nous fusionnons tous les composants de notre vie qu'on a différenciés en oubliant que leur ensemble constitue notre expression. Nous souffrons tous d'une frustration fondamentale liée au fait que nos actes vitaux, à commencer par le travail, sont privés de la créativité qui les rend générateurs de sens. Et cette frustration fait de nous des adultes.

Nous voici pourtant au seuil d'une époque où l'emploi du temps va inverser la proportion du travail et du loisir au profit de ce dernier, et par conséquent intensifier la conscience du besoin d'expression latent chez chacun.

La privatisation de TF1 revêt dans ce contexte une signification très forte : c'est le premier acte pour déposséder l'homme de son loisir tout comme, dans le passé, il fut dépossédé de son travail. La crise économique nous masque cette réalité parce qu'elle contraint un grand nombre d'hommes et de femmes à réclamer le vieux droit au loisir, c'est-à-dire à l'expression personnelle. Mais cette régression qui cache l'essentiel n'est évidemment pas un hasard. Pas plus un hasard que la transformation de la télévision, soi-disant moyen d'expression populaire, en simple moyen de diffusion. Où sont les créations télévisuelles ?

Leurs grands créateurs sont Bouvard et Collaro, Drucker et Sabatier. Leur génie possède ce trait commun : il vulgarise la vulgarité.

La télévision, aujourd'hui, ne popularise que des sous-produits parce qu'ils sont plus rentables que les œuvres originales. Elle est de plus en plus commerciale parce qu'elle a pour seul critère l'audimat, mais plus elle respecte le nombre moins elle respecte la qualité, de telle sorte que plus elle devient commerciale, plus elle pratique l'art du mépris.

Pour la première fois dans l'histoire, ce dévoiement de l'expression met la culture en péril, car la télévision est installée dans chaque maison, dans chaque foyer, et qu'elle occupe ainsi une position qu'aucun autre moyen d'expression n'avait occupée avant elle.

On croit que son écran donne sur la réalité, alors qu'il impose le simili et l'apparence en guise de référence générale. Mais le pire, et dont on peut déjà mesurer l'effet, est qu'il institue à la place de la relation et de l'apprentissage du savoir un abandon passif à l'écoulement.

Avant la télévision, tous les moyens d'expression exigeaient un minimum de participation, donc d'effort vers l'autre. Même la conversation banale implique ce minimum d'effort. D'ailleurs, le plaisir pris à parler, à lire, à regarder, à écouter dépend du degré d'intensité de la participation – du dialogue. Avec la télévision, il suffit de se laisser glisser dans le courant irréversible, qui vous emporte comme le temps.

La télévision rend cette abdication séduisante. Elle captive et elle suspend à son emportement. Ce n'est plus du récit, c'est de la fascination. Pourquoi ce pouvoir ? Parce que, pour la première fois dans l'histoire, l'audiovisuel vient à domicile capter simultanément et de manière exclusive les deux circuits d'expression du corps humain de telle sorte que, ne pouvant prendre aucun recul critique sur l'un vis-à-vis de l'autre, nous sommes possédés.

La gravité de cette possession se révèle chez l'enfant : il ne peut plus fixer son attention parce qu'il est formé à l'écoulement passif. Tout jusqu'ici supposait un apprentissage, une patience, un appétit personnel. Dans le flot télévisuel, l'espace mental n'est plus que le courant sans berges de ce flot, qui n'a pas d'autre sens que de s'écouler.

Le plus inquiétant dans cet effet d'emportement est la perte progressive de l'articulation, qui est la base de tout relation véritable, la base de tout langage et donc de toute pensée.

On prétend, par exemple, nous informer, mais cette information se déroule au gré d'une ponctualité qui lui enlève toute signification parce qu'elle ne s'articule – justement – ni avec ses causes ni avec ses conséquences. Si une œuvre nous est présentée, ce n'est jamais dans son espace propre ni dans son travail, mais comme un événement sans origine et sans lendemain. Ainsi tout est miraculeux et tout se vaut.

A aucune époque, on n'a autant parlé de « communication » : nous avons même quitté l'ère de la consommation pour entrer dans celle de la communication. S'il n'existe pas de culture sans communication, il n'y a plus ni communication ni culture quand l'une et l'autre servent seulement de prétexte à un commerce dont l'unique sens est de faire de l'argent.

Certains, qui ne sont pas si loin de nous, pensaient qu'après la mort de Dieu la communication serait le seul sacré.

Vendre la communication, c'est en faire une chose parmi les choses ; c'est nous réduire à consommer de la marchandise là même où nous avions cru rêver, aimer ou penser.

Logique d'audience et plaisir populaire

Vous savez tous ce qu'est l'audimat, et qu'il sert de mesure pour quantifier le nombre de spectateurs de telle ou telle émission, non pas à titre de renseignements, mais en guise de certificat de popularité. La logique du système fait que le certificat, simple constat d'un chiffre, change aussitôt de nature et produit une garantie, puis un modèle. A partir de quoi tout s'ordonne pour affirmer que la quantité est synonyme de qualité puisque le maximum d'adhésion est nécessairement le critère de ce qui est le meilleur pour tous.

Il y a dans ce processus une logique imparable contre l'élitisme et aussi contre les minorités. Le plus troublant est que le fonctionnement de l'audimat et son effet ressemblent à ceux du suffrage universel. Des élections au suffrage universel sort un gouvernement, qui nous représente tous, mais qui est l'élu d'une majorité. La minorité s'incline et attend l'alternance, c'est ce qu'on appelle la démocratie. Si l'alternance n'advient pas, comme ce fut longtemps le cas dans notre pays, la soumission de la minorité peut devenir un état de violence. Cet état est d'ordinaire tempéré dans les démocraties par la légalité aussi bien que par ses manipulations, car aucun pouvoir démocratique n'a intérêt à pousser la violence jusqu'à un point de rupture, c'est-à-dire jusqu'à une situation de révolte ou de révolution.

Ce que je viens de décrire schématiquement à propos du suffrage universel : que se passe-t-il si je le rapporte à l'audimat. D'abord le spectateur comme l'électeur est libre de son choix, et même en apparence plus libre puisqu'il peut à tout instant le remettre en question. Cette liberté, tous les détenteurs de pouvoir s'efforcent de la réduire de manière non privative afin qu'elle leur soit déléguée. Il s'agit de faire en sorte que le choix n'aille pas dans le sens de celui qui l'exerce mais vers celui qu'il servira. Et pour que ce détournement ne soit pas douloureux, on met au point des méthodes de captation qui privent en réalité de sens le choix personnel en valorisant le choix collectif.

Ainsi, alors que nul pouvoir n'ose plus se réclamer de l'absolu, tout pouvoir qui repose sur une majorité tend à doter cette majorité d'une valeur absolue, qui est la preuve même de sa propre excellence. C'est caricatural et cependant ça marche, parce que les abstentionnistes ne suffisent pas à détraquer le système.

Le suffrage universel, toutefois, est une cérémonie qui, si minimale soit-elle, a l'avantage d'assurer la représentation de ce que l'individu délègue dans l'illusion de sa liberté. C'est la communion de la démocratie. L'audimat, en revanche, est une formule abstraite, qui n'offre à ses fidèles que la solidarité d'un pourcentage. Il faut croire que cette abstraction est sa force, peut-être parce qu'elle est quantité pure et ne se couvre d'aucune justification.

Ce recours à la quantité pure pour exprimer une qualité, qui ne relevait pas jusqu'ici de la quantification, fait entrer ladite qualité dans le domaine des choses. Dans le domaine des marchandises. Et cette perversion marque l'avancée du pouvoir de l'économie. Il y a peu d'années, la démocratie reposait sur la séparation des trois pouvoirs : politique, administratif, économique. La politique occupait la scène. L'administration assurait la continuité en tempérant les carences, les vides ou les abus de la politique. L'économie jouait le rôle occulte.

La culture existait en marge ou en face de ces trois pouvoirs. Elle était si étroitement mêlée à la vie privée qu'elle se confondait avec elle. Mais comme elle est liée à la langue, et que la langue est à la fois intime et collective, elle était le liant créatif de l'intime et du social dans un élan qui ne séparait pas expression et communication.

Après 1958, sous le régime gaulliste, nous avons assisté à la confusion accélérée des trois pouvoirs au bénéfice exclusif de l'économie. Je vois que l'économique, quand il trouve le moyen de s'introduire dans l'intimité par l'audiovisuel, a le pouvoir que n'avait aucune pression totalitaire de supprimer la vie privée en la réduisant à une apparence qui la normalise sur la médiocrité. La pénétration de la vie privée est facilitée parce que, dans sa forme la plus simple, l'économie fait partie de la vie quotidienne.

Mais où en suis-je de la logique d'audience et du plaisir populaire ?

J'ai pensé d'abord que ce sujet était bien trop spécialisé pour moi, et qu'il fallait le traiter en termes techniques. Je ne suis technicien en aucun domaine. J'essaie simplement de planter des repères parce que sur le territoire non spécialisé qu'est la littérature tout se croise ou correspond : démocratie, culture, économie, pouvoir...

De la comparaison de l'audimat et du suffrage universel découle une évidence : tout pouvoir repose sur une justification. C'est simple, c'est une manière de couper court et cela nous oblige à faire un saut qualitatif hors du cercle où tout concourt depuis des siècles à nous mystifier.

Autre évidence : l'économique est porteur d'une violence particulière qui, en gagnant la culture, est en train de nous spolier d'acquis si profondément intégrés qu'on pouvait les croire définitifs.

Le problème est que cette violence, plus radicale sans doute qu'aucune autre parce qu'imperceptiblement mortelle pour notre mentalité, est diffuse, progressive, contagieuse et inconnue, de telle sorte que ses victimes peuvent rester inconscientes.

Nous sommes en train de passer du totalitarisme brutal – dont la chute à l'Est fournit à l'Occident le plus grand spectacle gratuit de l'histoire médiatique –, nous sommes en train de passer du totalitarisme brutal, qui reposait sur la contrainte des corps, à un totalitarisme mental, qui nous trompe en laissant libre ce que l'autre contraignait.

L'effrayant est de constater à quel point la servitude économique a été rapidement acceptée au nom de la compétitivité, mot barbare et moderne, qui occupe désormais la place de la fatalité ou du destin.

L'économie est la nouvelle mystification. A peine un pays accède-t-il à la liberté qu'on le voit tomber au pouvoir de l'économie.

Le pouvoir change de nom, mais jamais de volonté ni de nature.

La raison économique justifie le chômage, justifie la perte des acquis sociaux, justifie la transformation de la culture en marchandise, justifie que l'avenir de l'Europe soit un grand marché. Mais cette logique est contagieuse – si contagieuse que la reconnaître c'est, en un sens, la répandre : ne serait-ce que par le constat de sa propre impuissance.

Aussi faut-il faire un saut – un saut vers la révolution impossible que nous signifie le triomphe universel de l'économie. Où peut conduire ce saut, je n'en sais rien.

La force brutale et totalitaire avait l'avantage de ne pouvoir être ignorée : elle était parfaitement située, parfaitement claire, et elle se dénonçait au fond elle-même.

Le monde de la force et de la résistance est un monde simple. Les droits de l'homme y ont un sens, et les violences qui leur sont faites les renforcent.

Le monde du décervelage est un monde inconnu. Peut-être un monde sans règles, car le pouvoir y est en contradiction avec les valeurs qui traditionnellement le fondent. Pour la première fois, le pouvoir s'y établit sur la confusion et non plus sur l'ordre. Le pouvoir qui tire sa légitimation de l'économie ne peut se réclamer de la morale que par un abus de langage. Sa seule valeur efficace est le cynisme et le mensonge. Sa violence la plus radicale est de priver de sens tout notre comportement défensif.

J'ai conscience, écrivant tout ceci, de chercher à tâtons un ennemi insaisissable, qui rend ma langue malade.

Quand je parle de saut, c'est que j'éprouve la nécessité de changer de terrain parce que l'offensive n'est plus possible en termes de démocratie, de droits de l'homme et de valeurs traditionnelles.

Il ne s'agit plus de réclamer la liberté, mais l'intelligence, plus l'égalité mais l'expression. J'ai la certitude qu'il faut se situer ailleurs, mais je n'ai pas le moyen d'énoncer cet ailleurs.

Alors, je vais simplement essayer d'exprimer une situation que je connais en écrivant, mais que je ne possède pas en dehors de cet acte. Et l'exprimant, je vais essayer d'en faire une espèce de fait.

Il y a les faits et leur lecture. Cette lecture est changeante, et c'est cela qu'on appelle histoire, je l'ai souvent dit.

Ce changement qui fait trembler les souvenirs dans la mémoire, j'en observe les effets sociaux avec méfiance, mais écrivant, je ne me souviens pas : j'écris.

Entre la mémoire, ma propre vie, l'état de la société et l'écriture, il y a un rapport offensif.

Je voudrais parler de ce rapport. L'écriture est ce qui isole. L'écriture est ce qui rend public.

Entre l'isolement et le public, la liaison est du genre de celle qu'on voit entre opposition et majorité, sauf qu'elle n'est pas dévoyée par la présence du pouvoir.

L'écriture s'oppose à ce qui la porte en public, et cependant elle appelle ce public, cette publication.

Devenue publique, l'écriture n'appartient plus à l'écriture. Elle se rappelle à elle-même à travers son lecteur.

La publication conteste l'écriture, mais c'est en la poussant vers l'au-delà de sa limite.

L'écriture conteste la publication, qui la ramène à son effacement, à son oubli.

Ce jeu de contradictions : j'y sens l'aube d'une règle, qui pourrait changer la situation sociale.

La contradiction n'est pas une guerre : elle est une exigence.

Cette exigence appartient au mouvement de l'altérité, qui fait de l'autre mon opposé, mon semblable et mon révélateur.

L'écriture s'oppose à l'agressivité malade, à la prise du pouvoir, à la totalité triomphante parce qu'elle ne vit qu'en se remettant en jeu.

La contradiction est cette relance, qui fait que rien ne sera jamais acquis, car le sens est interminable.

La pensée de l'interminable est la base sur laquelle ne peut s'ériger aucun pouvoir parce qu'elle en abolit d'avance toutes les figures. Là, pas d'illusion, pas de salut, rien que la nudité d'une condition où chacun est rendu à sa responsabilité.

Je vous laisse là.

Merci.

La castration mentale

La liberté d'expression est l'un des critères principaux du régime démocratique : elle signifie que le citoyen n'a pas à freiner sa parole écrite ou parlée, qu'il peut donc extérioriser sans crainte ni limites son activité intérieure. L'homme libre est un homme chez qui l'intime n'est pas différent du public puisque rien ne l'empêche de faire coïncider son apparence et sa vérité. Cette identité de la pensée privée et de son expression fonde la personne du citoyen et constitue la base des valeurs républicaines depuis la Révolution française.

S'exprimer dans une société libre, c'est créer un mouvement d'identité, qui appelle sa réciproque chez l'autre et qui, par cette réciprocité, génère le lien social. Dès lors que parole et pensée sont identiques, il en va du corps social comme du corps individuel, et il produit une pensée collective que le mot « culture » désigne assez bien. Cette culture est évidemment son expression directe, mais la pratique d'une langue commune l'enrichit de toute la mémoire consciente et inconsciente que la langue véhicule par sa simple articulation. La culture est la pensée du corps social.

Il ne s'agit pas là d'une association métaphorique : c'est l'affirmation d'un rapport véritablement organique, qui est en nous l'origine, la source de l'humain et de la relation humaine. Qui est aussi la source matérielle du sens de chaque vie et de toutes les vies. Le corps social extériorise la culture par un mouvement semblable à celui qui porte chacun de nous à s'exprimer. La qualité de cette culture est par conséquent conditionnée, elle aussi, par sa liberté d'expression.

Aussi haut que nous remontions, cette liberté a toujours été censurée, combattue, dénaturée : le corps social a été coupé de sa nature créatrice, châtré de sa sexualité mentale, au bénéfice d'un Créateur dont le rôle divin ne fut en réalité que politique.

De même que l'esprit a été séparé du corps, la culture a été séparée du social : pourquoi ?

Tout ce qui précède me donne l'air de situer cette question au plus loin, mais c'est qu'elle crie depuis toujours dans aujourd'hui.

Si le culturel et le social sont naturellement inséparables, quel sens a leur séparation ? Et d'où vient l'urgence de le dire ici pour éclairer le présent alors que la censure semble enfin disparaître de notre monde européen ?

La censure s'attaque à la liberté d'expression, mais elle ne peut rien contre la liberté de penser. Elle coupe l'identité entre l'intériorité et l'extériorité en suscitant un double langage, qui pervertit le rapport à l'Autre et le lien social. Toutefois, comme sa contrainte est manifeste, elle excite la résistance de ceux-là mêmes qu'elle opprime et décuple leur force.

Le pouvoir a compris depuis longtemps que censurer la liberté d'expression n'était qu'un pis-aller et que, pour être efficace, il lui fallait s'attaquer à la liberté de penser, c'est-à-dire au lieu qui, en chacun de nous, est la matrice du sens. L'invention géniale de la religion a permis d'imposer l'extériorité de la foi comme sens intérieur et, par là, de séparer l'esprit du corps en dépossédant l'individu de la maîtrise de son intériorité devenue la sujette d'une transcendance, justifiant qu'il soit lui-même le sujet d'un pouvoir de droit divin.

La religion offrait un sens suffisamment universel pour que le sujet soit comblé par sa pratique en tant qu'individu et en tant que membre d'un corps mystique, qui étendait le lien social de la communauté des fidèles à celle des morts en remontant jusqu'aux princes et à Dieu. C'était là un extraordinaire consensus spirituel unifiant tous les hommes dans la solidarité de leur soumission au divin.

L'avantage incomparable de ce système est qu'il

substituait à la volonté intérieure de l'individu une volonté extérieure capable à la fois de fournir un sens à la vie et une justification à la servilité volontaire. La promesse du salut et de l'égalité posthume illuminait la pauvreté et l'injustice du présent. Et puis Dieu pouvait déjà se partager entre tous et demeurer entier.

La bourgeoisie, qui a mené pour son compte la seule révolution à ce jour durable et donc réussie, ne se doutait probablement pas qu'en instituant le pouvoir du commerce et de l'industrie, elle allait peu à peu rendre inopérant le processus religieux sur lequel pourtant elle avait bientôt choisi de s'appuyer. Quand on remplace le salut dans l'au-delà par la consommation immédiate, l'économie finit par prendre le pas sur tout, y compris sur le politique.

L'ordre économique ne peut, lui aussi, qu'être absolu – et impitoyable car ses valeurs ne sont qu'économiques. Le marché ne connaît pas d'autres lois que celles du marché. Le capital doit croître ou périr ; à la différence de Dieu, il ne peut se partager et demeurer entier. L'efficacité est son unique critère, et la compétition son seul mouvement social.

La preuve en est dans un phénomène récent dont les ravages sont si généralement acceptés qu'ils nous conditionnent tous plus ou moins : je veux parler de la croyance, en quelques années répandue, que l'économie est le Créateur absolu de notre société, croyance qui, par exemple, fait accepter le chômage comme une fatalité, et qui repose en fait sur une inversion des moyens et des fins.

Considérer que l'économie est le but, elle qui devrait servir, c'est accepter la transformation du social en marchandise avec pour conséquence l'effacement des valeurs humaines fondamentales d'égalité, de fraternité, de justice et même de liberté.

Les romans du Marquis de Sade, en particulier *Les 120 Journées de Sodome* avec leur folle comptabilité des passions, sont prémonitoires d'une situation où la morale est remplacée par l'économie. Ils en sont la fable prophétique.

Le « gagneur », héros de la société économique, ressemble au héros de Sade. Aucun interdit ne l'arrête puisqu'en lui-même il est la norme et l'idéal.

Sous le totalitarisme économique dont l'emprise va grandissante, le sens se limite à la volonté de « gagner » et d'être riche. Au contraire du sens religieux, qui apportait une plénitude et en jouait, le sens économique est un vide que la consommation ne comble que pour y ranimer aussitôt le même appétit.

Quand le sens a pour base la marchandise, il est si périssable qu'il doit constamment être consommé, renouvelé. Ce sens, toujours en voie d'apparition-disparition dans le tremblé de l'actualité, est le leurre auquel est prise aujourd'hui notre société : il ne nous propose que des apparences là même où nous croyons apercevoir la réalité.

Le système du leurre est l'invention qui permet

au pouvoir économique de s'attaquer à la liberté de penser en exerçant sur elle, non pas la fascination d'un contenu idéologique, mais l'entraînement d'un mouvement irréversible, dont les séquences successives captent toute son attention.

L'occupation religieuse de la pensée s'accompagnait de censure pour éviter d'être discutée ; l'occupation économique de la pensée s'accompagne d'une sensure généralisée, selon le mot que j'ai formé pour désigner la privation de sens.

Les grands événements récents soulignent cette opposition, et si l'on compare les situations de l'Est et de l'Ouest, on la voit se préciser.

Chacun sait que notre monde est en crise. Il y a peu de temps encore, on pouvait croire qu'il s'agissait d'une renaissance depuis que la vieille immobilité de l'Est se métamorphosait en élan : le bonheur, une fois de plus, allait être une idée neuve en Europe.

Cet élan n'aura été qu'un révélateur terrible : il a montré que le social, déconsidéré à l'Est par une idéologie qui ne s'en réclamait que pour l'opprimer, n'était plus là-bas qu'un corps en décomposition. Il a montré que la démocratie pluraliste et dynamique de l'Ouest était le masque d'une immobilité confortablement bloquée sur elle-même et tout à fait incapable de transformer l'ancien antagonisme des systèmes en relation sociale.

Pendant plus d'un demi-siècle, la démocratie occidentale s'est fait passer pour le modèle culturel par excellence face à la démocratie populaire. La victoire de la démocratie occidentale devrait être, par conséquent, celle d'un corps social harmonieusement développé sur un corps handicapé par la censure totalitaire. Mais il est bien évident que la victoire de l'Ouest sur l'Est n'est pas culturelle, ne pose même pas le problème de la culture, puisqu'elle proclame ouvertement son caractère économique.

L'étrange est d'assister à travers cette victoire, non pas à la confirmation du bien-fondé de la démocratie, mais tout au contraire à l'effondrement des quelques valeurs dont, sans pourtant lui faire confiance, nous l'avions crue la garante.

La supériorité de l'Ouest sur l'Est ne relève pas du tout de l'ordre que nous promettaient les anciennes apparences : elle n'est pas morale ; ce n'est pas la liberté qui, grâce à elle, l'emporte enfin, ni les droits de l'homme : la supériorité de l'Ouest sur l'Est consiste dans la découverte du moyen de manipulation le plus payant parce qu'il est intelligent, indolore, subtil, invisible et très efficace.

Les régimes totalitaires de l'Est, bien que nés d'une pensée révolutionnaire adéquate, ont eu peur du mouvement de cette pensée qui les entraînait vers le renouvellement, la discussion, la contestation. Au lieu de le suivre, ils ont fait le choix de le figer et de recourir à la contrainte, à la force et au mensonge, qui sont des armes politiques.

La démocratie occidentale, sans négliger la force

à l'occasion, a fait le choix exactement inverse en optant pour ce qui nous conduit aujourd'hui au consensus.

Le totalitarisme interdit l'opposition ou la fusille ; le consensus la dilue aussitôt et en efface les effets. Le consensus, ce faisant, bloque la dialectique tout comme le totalitarisme, mais sans exercer la moindre contrainte.

Le consensus a pour rôle d'occuper l'imaginaire et le courant du sens : il pénètre l'un et l'autre et s'y répand par l'action contagieuse que lui permet le fait d'être mêlé à tout ce que les médias nous proposent et nous imposent sous le beau nom de communication.

Au fond, le consensus est l'idéologie de masse de la société dite de consommation, qui est l'état provisoire de la démocratie occidentale. Sa fonction est d'assurer l'adhésion générale à cette démocratie en procurant au corps social l'illusion qu'il représente sa pensée. Le consensus tend ainsi à occuper l'espace de la culture alors qu'il est seulement l'un des avatars du leurre au moyen duquel le pouvoir économique sensure la pensée dans une démocratie où la res publica – la chose publique – ne relève plus que fictivement de la sphère politique car, devenue publicitaire, cette « chose » a cessé d'être publique et ne dépend plus que de la maîtrise des médias. Aujourd'hui comme toujours, la confiscation de l'activité mentale au profit d'une adhésion servile à l'ordre régnant demeure la plus sûre garantie du maintien de cet ordre.

Tous les pouvoirs ont bien entendu la volonté de se maintenir et dans cette mesure sont tous possédés par un rêve d'absolutisme. Les pouvoirs totalitaires de l'Est avaient cru que leur idéologie, occupant le rôle de la religion, réussirait pareillement à tenir la place du sens dans la tête de leurs citoyens. Ils ont vidé cette idéologie de son contenu tout en conservant sa forme qui, dès lors, a rendu de plus en plus criante l'absence qu'elle était censée dissimuler. L'effet révoltant de cette absence a finalement permis un changement de régime, mais il continue à jouer dangereusement parce qu'il appelle toujours un contenu devenu introuvable.

L'Ouest s'engouffre dans ce vide, mais n'apporte pour le combler que sa marchandise. Nous allons voir si la marchandise suffit à faire taire l'appétit du contenu dans des corps sociaux qui, pour l'instant, cherchent à retrouver une expression dans les pratiques régressives du nationalisme, de la religion ou tout simplement du racisme. Le besoin de sens, quand il se fait impérieux, retourne aux vieilles formules par le penchant millénaire qu'elles ont laissé dans l'inconscient collectif.

Le pouvoir économique sait qu'il est purement dynamique : son développement perpétuel est sa seule valeur. Il doit sa force d'attraction au fait que son mouvement s'identifie à celui de la vie, bien qu'il ne ressemble qu'à son aspect mécanique, lequel n'est qu'un entraînement mortel. Contre cet entraînement vers la mort, la vie a justement recours au sens.

L'économie associe vitalité et accélération : elle génère ainsi la précipitation vers sa propre fin, mais ne veut pas le savoir. Le sens lui est donc intolérable puisqu'il ne saurait se présenter à elle autrement que pour la mettre en question. Au besoin de sens, c'est son propre mouvement qu'elle oppose en guise de sens.

Pour cela, il lui suffit de tout ramener à l'immédiat en conférant à l'actualité une vitesse qui lui tient lieu de présence : la consommation du défilé devient l'illusion de la réflexion – une illusion d'autant plus forte qu'elle est insignifiante.

L'invention géniale du pouvoir économique est de nous combler avec le trou qu'il creuse en nous et d'installer là un spectacle, qui nous donne à consommer béatement notre propre mort. Nous voici à la fois la bouche et le tombeau où circule un cortège d'ombres qui nous suffit depuis que les stupéfiants médiatiques ont anesthésié tout élan social, toute révolte, toute pensée personnelle.

Ce petit exposé schématique paraîtra sans doute exagérément pessimiste s'il n'a pas réussi à faire entendre que la privation de sens est indolore, imperceptible et invisible. Nous n'avons l'habitude que de pouvoirs nettement situés dont les contraintes nous demeurent extérieures ; nous ne savons rien d'un pouvoir fuyant, insituable et insinuant, qui se mêle insaisissablement à notre intériorité. Ce pouvoir-là est fort d'une force inconnue parce que son emprise nous échappe.

L'histoire de l'évolution humaine peut se ramener à celle des manières successives qu'a eu l'homme d'extérioriser ses facultés en les multipliant. Tout commence par l'activité de la main, qui libère la bouche pour qu'elle puisse former la parole et émettre la pensée. Tout continue par l'invention d'outils, puis de machines, qui à leur tour libèrent la main et le corps parce qu'ils en extériorisent toutes les capacités techniques. A présent, les machines nouvelles extériorisent nos capacités mentales...

A travers ce long processus, l'homme – l'individu humain – a projeté un double social, qui lui constitue un cerveau extérieur et collectif auquel il est en permanence relié par la langue.

J'ai dit en commençant que la culture est la pensée du corps social, mais il n'y a pas de pensée sans mémoire. La langue porte cette mémoire et fournit à la fois la matière de la pensée.

J'ai posé ensuite la question : si la culture est naturellement inséparable du corps social, quel sens a leur séparation ?

L'institution du pouvoir correspond sans doute au besoin de figurer l'extériorité de la pensée collective dans une personne, qui fut d'abord royale et divine avant de se démocratiser dans une assemblée élue.

La « chose » publique est aussi bien l'extériorité que sa représentation. Cette dualité permet qu'en elle soit incarné le cerveau social et qu'à partir d'elle soit articulée la langue commune.

Le problème est que, tout au long de l'histoire, cette « chose » publique n'a pas été un foyer d'expression du sens social, mais la prisonnière du représentant du pouvoir qui, renversant son rôle, s'est fait passer pour la chose même dont il n'était que la figure.

Le pouvoir devient personnel ou « démocratique » en intériorisant pour se l'approprier l'extériorité de la pensée collective.

La grande nouveauté est que cette appropriation change de moyen depuis une trentaine d'années avec la généralisation de l'audiovisuel et son entrée dans chaque logement. C'est la première fois que les deux circuits d'expression du corps humain sont simultanément captivés par un instrument qui interdit que l'un ou l'autre s'en distancie. C'est aussi la première fois que l'apprentissage de la langue ne passe plus par l'écoute des ancêtres à travers la mère, mais par le contact avec la mince écume du présent.

Cette langue apprise au présent n'a plus guère de mémoire, si bien que la pensée du corps social est en train d'être remplacée par le mouvement mortel de l'économie.

Ainsi nous est livrée à domicile la représentation toute faite d'une extériorité dont l'apparence doit nous servir d'imaginaire et d'intimité.

Bien sûr, tout pourrait être différent, et l'audiovisuel devenir un accélérateur de la pensée du corps social, mais le choix général est de l'abandonner au pouvoir économique pour qui la culture n'est qu'une marchandise et la marchandise un moyen d'asservir le social.

Si ce choix persiste, et tout indique qu'il persistera puisque le politique est désormais soumis à l'économique, la culture – c'est-à-dire l'extériorité de la pensée collective – est condamnée à ne survivre qu'intériorisée chez quelques individus, qui n'auront plus qu'à s'organiser en collectifs monastiques.

Le 4 octobre 93

Notre réunion s'inscrit dans un consensus national de défense de « l'exception culturelle » qui m'inquiète pour la raison que son simple énoncé signifie que l'identité culturelle est une exception. Par ailleurs, je vois mal comment les destructeurs du service public pourraient sérieusement combattre la volonté américaine puisque détruire le service public, c'est accepter le modèle américain pour notre corps social. La vérité est que, sous le couvert des alliances et des valeurs occidentales, nous sommes engagés dans une guerre économique que l'Amérique a déjà gagnée, parce qu'ici et partout en Europe les principaux réseaux de pouvoir sont sa cinquième colonne.

Mais je voulais parler d'une situation générale...

Il est probable qu'en dépit de la pollution la nature continuera à produire des corps bien complets de leur tête, et que ces têtes continueront leur travail mental à moins qu'une industrie – par exemple l'industrie de la communication – ne parvienne à y débrancher le réseau pensif pour le connecter à des circuits qu'elle contrôlera. Le problème n'est pas de se demander si la chose est possible, mais si nous sommes encore capables d'en avoir conscience, pour peu qu'elle soit bien faite. Tout le monde s'interroge à propos des manipulations génétiques, mais quelle publicité fait-on aux manipulations de la pensée depuis qu'on ne peut plus accuser le repoussoir totalitaire d'être le seul à les pratiquer ?

La chute du mur de Berlin et des régimes pseudo-communistes aurait dû éclaircir l'état du monde : pourquoi n'en est-il rien ?

C'est que voilà notre si précieuse liberté soudain mise à nu et privée de sa beauté. Nous découvrons que, pareille aux poupées gonflables, elle avait de l'apparence mais fort peu de réalité.

En fait tout son mérite tenait à la comparaison. L'étrange est que cela soit si longtemps resté inaperçu, tout comme passent inaperçues de leur future victime la plupart des maladies mortelles.

La langue est une forme fluide qui circule de corps en corps en apportant le sens. Que les mots soient contaminés n'est pas trop grave : ce sont des particules en constante évolution, et chez qui la relation est plus importante que la constitution. En revanche, que les structures soient attaquées a des conséquences ravageuses parce qu'elles n'assurent pas seulement la règle et l'ordre de la phrase et du discours : elles sont semblables aux nerfs qui, non contents de transporter la sensation, contribuent à modeler sa réception. Autrement dit, les structures de la langue sont formatives, et elles conditionnent la manière dont nous réfléchissons tout ce qui alimente le sens. Ainsi, tout ce qui nous paraît originalement saisi par nous-mêmes est d'abord façonné par la langue et ne devient nôtre qu'au prix de la métamorphose, par le travail, des réceptions communes en création personnelle.

En somme, chacun de nous se prend tout naturellement pour un récepteur unique alors qu'il reçoit de la même manière que beaucoup d'autres la diffusion de la même émission. Cette naïveté est heureuse tant qu'elle permet à chacun de croire qu'il invente son activité, ses relations, son amour ; elle est très dangereuse dès qu'un pouvoir dispose des moyens de manipuler le champ de la réception et s'introduit dans la majorité des têtes sans qu'aucune ne s'en aperçoive, persuadées qu'elles sont toutes, bien au contraire, d'en avoir constamment la maîtrise.

Au fond, la mise à nu de ce que nous prenions pour notre liberté révèle que, si de l'autre côté du mur régnaient la contrainte et l'oppression, cette contrainte et cette oppression s'exerçaient au moins clairement tandis que, de notre côté, règne cette chose infiniment subtile qui est une contrainte sans oppression, une contrainte imperceptible et qui s'immisce en nous à la faveur de notre ouverture, de notre écoute, bref de notre appétit de communication.

Quel comportement choisir, sinon désespéré, devant un nouvel art de gouverner qui, pour obtenir la servilité de toujours, remplace la contrainte par la séduction ? L'ancien consentement était obtenu par une force et une peur qui ne se cachaient pas, et qui laissaient une petite chance à la révolte ; le nouveau, indolore et même confortable, ne lui en laisse aucune. C'est vers l'acquiescement béat que conduisent l'appauvrissement de la langue et la réduction simpliste de ses structures – sans parler de tous les autres conditionnements, à commencer par le chômage. Quand la révolte devient impossible, faut-il ne plus compter que sur le haut-le-cœur ? Quand on désespère de la conscience, faut-il compter sur l'écœurement ? Je déteste l'optimisme parce qu'il n'a principalement servi qu'à supporter l'oppression : j'appelle au désespoir parce qu'il possède une énergie propice à la colère...

L'Art officiel

C'est au premier étage : vous montez un escalier de pierre lisse et de métal, dont la belle froideur technologique résume les attributs actuels de la richesse et du pouvoir. Vous n'entrez pas, car la salle est faite pour un contenu qui l'occupe tout entière. Vous voilà devant un immense récipient rempli de terre : vous en mesurez la masse par un voyant vertical. Il y en a des tonnes et des tonnes, et dans l'air chaud qui flotte au-dessus, s'épaissit depuis dix ans une vieille nuée de paroles admiratives que, jour après jour, les visiteurs ne manquent pas d'alimenter : quelle puissance ! Quel tellurisme ! Quelle intensité ! Quel naturel !

Si vos yeux traversent la nuée, vous constatez que cette masse terreuse réussit le prodige d'être parfaitement stérile. Ce n'est plus de la terre, c'est une idée, c'est de l'art, et d'ailleurs cela s'expose dans une galerie de Soho qui, vu le prix des loyers dans ce quartier de New York et la gratuité de la visite, a dû sacrifier déjà des millions de dollars à l'entretien de ce concept.

Est-il plus pesant exemple d'un art contemporain qui n'impressionne que par une mise en scène où l'argent est tout et la qualité artistique rien ? Cet art, il est vrai, se moque de sa qualité, et s'il se donne à voir, ce n'est pas pour qu'on le regarde. Cela passe par les yeux sans s'adresser à eux. L'art conceptuel est iconoclaste : il a effacé l'image et il nie le regard. Mais alors pourquoi joue-t-il encore à être visible ? Sans doute pour mettre enfin la pensée au monde et lui donner plus d'importance qu'au vieux plaisir trop émotif des yeux. Ou bien – et c'est la même chose – pour faire entrer l'invisible dans la vue sans recourir à aucune des parures que, dans le même but, l'art employait jusqu'ici en habillant la pensée du corps qui la pense. La suppression du corps est symptomatique de la volonté de s'en tenir à l'apparence pour y dissoudre la dépouille organique et ses ténèbres dans une évidence débarrassée de tout mystère. Il s'agit de promouvoir une relation exacte et pure, qui ne soit plus dans la dépendance des humeurs et autres liquides corporels. Cet avatar du sublime se déguise en processus mental et en objets de réflexion. L'ennui est que ces objets, pour être vendables, doivent se parer du même statut artistique que les « œuvres » qu'ils veulent rendre obsolètes. D'où une inflation dogmatique destinée à prouver l'excellence d'une démarche qui se développe à merveille tant qu'elle s'adresse à la pensée, mais qui se visualise pauvrement dès qu'elle passe à sa propre représentation. C'est que tout concept est fait pour être compris et que la compréhension suffit à l'épuiser.

La « chose » conceptuelle ressemble fâcheusement au produit médiatique, qui nous vend l'apparence pour la réalité. Le marché est très brillant, mais il ne nous donne à intérioriser que l'absence : absence de corps sous la peau parfaite, absence d'événement dans l'image sensationnelle, absence de pensée dans le raisonnement décoratif, bref, absence de relation partout et vide en tête. Un concept ne sera jamais qu'un petit truc visuel condamné à se décomposer dans le visible parce que ce n'est pas son élément.

L'art ne saurait exister sans pensée, mais la pensée est un mouvement, qui se fige et dépérit dès qu'il n'est représenté que pour lui-même. Ce constat n'est pas récent : il défait tout naturellement la position idéaliste et sa perpétuelle tentative de séparer la pensée du corps aussi bien que de son fonctionnement organique. L'art ne pose pas que des problèmes de forme et de langage, il ne se contente pas non plus de combiner des allusions ou de se laisser modeler par un savoir : tout cela fait partie de lui et ne rivalise qu'au gré des théories au risque d'un déséquilibre, d'une mutilation ou d'une activité caricaturale.

L'art fait apparaître dans le visible des figures qui ont l'air de tout devoir à la ressemblance, mais qui croisent en elle l'illusion et la vie pour réaliser à la fois le désir d'incarnation et le désir de symbolisation. Ce double élan conjugue des appétits complémentaires de survie par la reproduction et de sauvetage par le sens : il les fixe sous les espèces d'une « œuvre », qui génère de la présence au contact du regard parce que le regard y reconnaît inséparablement une ressemblance et un système de signes.

La vitalité d'une œuvre plastique est liée à ce tressage intelligent d'une forme identifiable immédiatement et d'une pensée irréductible à un message précis : relation à son tour semblable à celle qui unit l'organisme et son activité mentale, et qui fait que, très tôt, dans le cas notamment des icônes, on s'est interrogé sur la qualité de la présence émanant des figures en se demandant si elle était « réelle » ou non. Cette question de la « réalité » ne s'est posée que dans un contexte religieux ou magique : elle met en cause le statut de la figure et du geste de la figuration en élevant un doute quant à la nature de la présence incluse : est-elle identique à celle de la personne représentée ou seulement suggestive ? L'étrange est qu'on ne soulève plus le problème dès que la figuration devient laïque, mais la question de la présence cesse-t-elle pour autant ? Non, elle passe simplement de la figure à son créateur puisque tout l'intérêt va dès lors à la peinture, c'est-à-dire au peintre, et non pas au modèle, c'est-à-dire à l'image. La révolution picturale qu'on date de Manet n'y change rien, au contraire, puisque à partir du moment où la peinture ne représente plus qu'elle-même, c'est la vision et la pensée du peintre qu'elle incarne encore plus librement, plus directement.

L'art conceptuel aurait dû porter à son comble ce processus en rendant identiques l'œuvre et la pensée, mais il se contente d'éliminer la présence au bénéfice d'une mécanique mentale dont il n'est malheureusement qu'une pauvre illustration. Son succès auprès des conservateurs et des ministères de la Culture, traditionnellement attachés à l'art décoratif dit « pompier », n'est donc pas le surprenant progrès qu'on pourrait croire, mais le masque de la continuité du goût officiel pour les machines vides, qui neutralisent tout. Quoi de plus pervers et de plus séduisant pour le pouvoir qu'un art qui paraît cultiver l'intelligence, la modernité, la recherche, et qui les pratique en effet, mais pour détruire. Cet art-là, dogmatique par essence parce qu'il lui faut exclure toute alternative, a le double avantage d'être inoffensif pour l'institution et stérilisateur pour ce qui la conteste. La coalition actuelle des marchands, des musées et des diverses commissions et directions est infiniment plus efficace qu'autrefois les Salons et les Académies : la censure occidentale est devenue subtile en se couvrant des raisons de la mode et en faisant assumer ses fonctions par des artistes qu'elle enrichit en leur confiant le sens de l'Histoire.

Pour accepter de jouer ce jeu, il faut être entré dans la fin du monde et en tirer une telle négation du sens qu'on en est réduit aux artifices théoriques et aux œuvres insignifiantes. Rien n'est plus fascinant – et dangereux – que le travail du désespoir dès qu'il remplace le risque sans cesse renouvelé de l'expression par le cynisme d'une forme vide et répétitive, qui se fait passer pour le sommet de la réflexion tout en véhiculant, dans sa maîtrise même, l'impuissance et la mort. La « série », traitée aujourd'hui comme une valeur, rappelle la « chaîne » et l'invasion généralisée de la marchandise. Les excès de froideur marchands ont eu des effets terrifiants au cours de ce siècle où ils furent les déclencheurs de la violence machinale et industrielle. Tous les mouvements iconoclastes nient la femme en effaçant la figure, et la sublimation s'en trouve détournée vers le fanatisme, comme si, dès qu'on est interdit de figuration, on se rattrapait par la destruction.

Contre le progrès de la froideur, il n'y a pas d'autre recours que le geste de l'incarnation et la présence qu'il suscite. C'est une vieille leçon, et qu'il faut bien sûr interroger. L'art n'est pas uniquement l'art, sinon sa disparition n'aurait qu'une importance relative : l'art est le terme sous lequel nous désignons une activité dont l'exercice permet à l'espèce humaine d'affronter sa mortalité, afin de tirer de cet affrontement même un surcroît de vie et de durée. Pour une espèce qui prétend tout devoir à la raison, ce geste a quelque chose d'insensé, y compris dans son résultat qui est de détruire la destruction. Mais il n'y a pas si mal réussi puisque au bout de quelques millénaires il a fini par doubler notre monde naturel d'un monde hybride obtenu par un croisement dont l'art est justement le produit le plus significatif.

Les formes aujourd'hui dominantes censurent ce processus : leur fonction politique est de répandre l'insignifiance comme esthétique de la consommation. L'Art officiel a remplacé le questionnement et la provocation par la marchandise culturelle : il l'emballe bien sûr dans un bavardage savamment vide.

Le rapport visuel

Les images nous enchantent : elles devraient nous jeter dans l'effroi parce qu'elles font exister devant nous ce qui n'est pas là, ce qui ne sera plus jamais là de cette façon. Pourquoi voyons-nous si facilement de la présence là où n'a son lieu que l'absence ? Les images nous séduisent par un pouvoir d'illusion qui suscite en nous une complicité spontanée. On dirait qu'un enchaînement irrésistible nous porte à découvrir en elles plus de réel que dans la réalité. C'est que nous éprouvons peut-être une aversion inavouée à l'égard de la réalité, à moins qu'il ne nous vienne une sorte d'ivresse à contempler les choses de l'imaginaire à travers un semblant de matérialité...

Que nous le sachions clairement ou pas – et comment le savoir à chaque instant ? – nos relations avec les autres aussi bien qu'avec le monde sont soumises à nos représentations, autrement dit à une suite d'images composites où se mêlent éléments visuels et verbaux. La tendance générale est de prendre ce mélange pour la réalité tout en y confondant souvenir, élaboration et vue directe. L'image, au lieu de nous enchanter, devrait nous désigner les gonds sur lesquels le regard fait tourner l'apparence afin de la rabattre vers la pensée, mais loin d'observer les battements de cette porte, nous préférons la dévergonder pour ne faire face qu'à son côté fictif. Voir la présence engendrer l'absence pour se signifier nous révélerait quel processus de transformation est à l'œuvre dans nos yeux, et comment le visuel glisse vers le mental.

Cette vision dérange parce qu'elle modifie la nature de la représentation, qui passe alors de l'illusion plaisante au regard sur le regard avec pour conséquence la perception du trajet visuel à l'intérieur d'un espace perçu lui-même comme un élément. Dès que la vue discerne son propre mouvement, elle cesse d'être un simple vecteur d'information traversant sans le voir un espace neutre, et la voilà qui développe une sorte de toucher intime. Le rapport visuel change évidemment de qualité puisque le regard porte ainsi l'intériorité vers le dehors et revient sur lui-même en intériorisant ce dehors. D'où un courant continu entre le foyer interne du regard et son sujet externe – courant qui incorpore l'espace à son va-et-vient en abolissant la frontière entre « dedans » et « dehors ». Mais toute expression n'a-t-elle pas pour but final de nous intérioriser à l'extérieur de nous-même tout comme l'acte de voir intériorise en nous ce qui pourtant nous est extérieur ?

La connaissance de ce double mouvement est déterminante chez les auteurs d'œuvres visuelles : elle exige qu'ils refusent la satisfaction de l'enchantement procuré par les images afin d'inclure en elles ce qui les réfléchit. Le problème est que la pensée n'est pas représentable littéralement, c'est une vibration invisible qu'on ne saurait isoler de la forme et de la couleur, pas plus qu'entre les yeux et le sujet de leur regard on ne réussit à isoler cet élément indispensable qui est l'espace. Au fond, selon le traitement de l'espace, l'œuvre visuelle n'est qu'une illustration ou, tout au contraire, un foyer d'énergie mentale.

Cette différence devrait sauter aux yeux de chacun, mais tout nous incite à préférer la séduction parce qu'elle n'a besoin pour agir que de notre passivité. Le pouvoir, l'éducation et le marché la cultivent d'autant plus que, s'appuyant désormais sur les médias, ils ne recherchent plus que l'adhésion immédiate. N'est-il pas tristement dérisoire de constater qu'un pouvoir contraignant oblige à la réflexion pour lui résister comme pour le combattre alors qu'un pouvoir médiatique s'impose facilement pour peu qu'il ait recours à ce qui plaît et ne pose pas de question ? La force est moins efficace que le spectacle et son défilé fascinant, qui prouve à quel point l'influence visuelle retentit aussitôt sur l'espace mental.

C'est la première fois que le pouvoir politique,

maintenant inséparable du pouvoir économique, s'empare du sens de la vue pour en faire le propagateur d'une soumission insensible. Résister à une invasion qui, sans vous agresser, manigance votre occupation en tâchant de vous plaire, suppose un entraînement d'un genre tout à fait nouveau, et qui doit faire appel à une formation du regard. L'art, qui depuis toujours trouve dans nos yeux le chemin de notre intelligence et de notre émotion, occupe évidemment la seule place où peut s'élaborer la résistance : son exercice participe à la fois de l'intime et du public, de l'intériorité et de l'extériorité, ce qui fait de lui la seule activité capable d'introduire à la charnière du visuel et du mental les réflexes de défense à même de réagir à l'enchantement trompeur des simulacres. Les valeurs esthétiques sont en voie d'être aujourd'hui des valeurs sociales parce que la qualité du plaisir culturel est sans doute le meilleur moyen de lutter contre les leurres plébiscités par l'audimat.

Les artistes ont-ils compris que les combinaisons élémentaires – formes, espace, couleur – nécessitées par leur travail sont d'une importance considérable pour démonter les stratégies de l'asservissement visuel ? Beaucoup d'entre eux, il est vrai, ne créent plus d'images, mais bizarrement ces iconoclastes ne sont pas les moins complices du marché dit de la « communication ». C'est d'ailleurs l'un des paradoxes significatifs de notre temps que l'art officiel assure la promotion de ce qui nie l'expression visuelle en même temps que le pouvoir détourne à son profit cette dernière. En fait, les deux démarches sont complémentaires : déconsidérer l'art figuratif ou plus généralement la peinture auprès des artistes et des amateurs va de pair avec la vente massive des images vulgaires et vides.

L'enchantement lié à la nature des images s'est trouvé multiplié par le mouvement qui ajoute, dirait-on, l'apparence de la vie alors qu'il se contente de visualiser le passage du temps. Que l'irréversible soit ainsi le principal fournisseur de la ressemblance devrait faire réfléchir sur la fascination engendrée par l'image mouvante qui, en fait de vie, n'offre au spectateur que la consommation de sa propre vitalité. Cette vampirisation discrète profite de la passivité qu'elle-même provoque pour prélever chez sa victime le sens qui lui manque et le refléter à travers son mouvement. La duperie est facile parce qu'elle s'effectue dans le cadre général du penchant à la consommation, qui fait que toute chose aujourd'hui, y compris les sentiments et l'émotion, est convertie en marchandise quitte à porter l'étiquette de produit culturel.

Le processus est d'autant plus efficace qu'il ne suscite aucune méfiance, ou bien des méfiances uniquement morales, toujours ponctuelles ou quasi anecdotiques, et qu'un carré suffit à rassurer : le carré signalant l'interdiction au-dessous de tel âge. Qu'importe la morale, sinon comme alibi, quand c'est l'intelligence qui est menacée, et bien sûr le langage, et aussi la relation dans ce qu'elle a de plus intense et de plus personnel, donc de plus humain. Le mot « communication » ne recouvre plus que la tentative d'insuffler dans les corps vidés de leur originalité la même transparente marchandise dont on ne remarque pas qu'elle est totalitaire, c'est-à-dire destructrice de l'opacité indispensable à l'existence de l'Autre, celui qu'on affronte, celui qu'on aime.

Faudra-t-il une révolution pour que soit reconnu le rôle formateur du plaisir visuel ? Ce plaisir engendre la vertu pratique de déceler la falsification parce qu'il ne saurait se nourrir de leurres pas plus que de marchandises culturelles même enrubannées d'enchantement. Au fond, dans un monde soi-disant libre, le plaisir visuel pourrait tenir le rôle exactement opposé à celui que tenait la censure dans le monde où régnait l'oppression : la censure signalait la contrainte, le plaisir signalerait la libération.

A mesure que se développent la quantité d'illusion et son pouvoir d'augmenter toujours plus l'apparence aux dépens de la réalité, comment lutter contre un envahissement assez subtil pour s'imposer par la séduction ? La résistance ne peut être qu'intime puisque c'est l'intimité même qui est en voie d'occupation par les forces médiatiques. Et le plaisir est justement la seule force de qualification intime qui peut alimenter cette résistance pour la raison que sa nature est si entière qu'elle engage à la fois l'intelligence et la sensibilité. Il se trouve que le plaisir n'a jamais figuré parmi les valeurs éducatives sans doute parce qu'on redoutait les effets de cet engagement trop profond pour être enseigné aussi froidement que la morale ou les vertus civiques. La rencontre nécessaire de l'art et du plaisir fait partie du sens, elle est donc l'une des bases de la propagation de la culture : le seul moyen peut-être aujourd'hui de renouveler la perception de son rôle indispensable. Il est urgent d'opposer le plaisir actif de la qualité à la normalisation passive de la quantité...

Théorèmes de la domination

Michel Surya dirige *Lignes,* la seule revue qui, depuis dix ans, ose traiter le politique comme le lieu par excellence de la pensée ; il vient de publier *Théorèmes de la domination*, sous-titrés : « (Le capital, la transparence et les "affaires") », chez Talus d'Approche *, dans la collection « humeurs ».

Le point de départ des quatre-vingt-trois propositions qui composent ce livre est indiqué dans un bref Avant-Propos, et en particulier dans ce passage :

« Il faut en former ici l'hypothèse : les affaires ne portent qu'apparemment tort à la domination. Elles sont au contraire le moyen dont celle-ci s'est aussitôt saisie pour assainir les conditions de son exercice (pour s'exonérer des excès qui la condamnaient). Et

* Mai 1996.

entreprendre la plus grande opération de justification idéologique jamais entreprise par elle.

« Une opération aussi subreptice n'en a pas moins été aussitôt conceptualisée. Et elle l'a été sous le titre de la transparence. Il y a longtemps qu'aucun mot n'a joui d'un statut analogue. La domination attend de tous la transparence, et tous l'attendent de la domination... tout invite à dire que la transparence est cela même que met momentanément en place la domination pour augmenter d'autant son empire, tout en faisant en sorte que nul ne sache quel il sera ni qui l'exercera... »

Le livre se compose de « Variations » (c'est le nom que leur donne l'auteur), qui sans cesse reprennent « l'hypothèse », la soutiennent, l'analysent, la poursuivent dans un « mouvement désordonné » qui garde vif l'exercice de la pensée. Michel Surya, ici comme dans *La Défiguration* et *Olivet*, écrit avec le bout du souffle, c'est-à-dire au plus fort de son intensité. Et quelque chose s'en trouve débridé dans l'expression, qui interdit au lecteur de rester inactif. D'où la tentative qui suit, non pas de reprendre ni de répondre, mais de se jeter dans l'élan afin de partager la pensée...

Le mot « domination », par l'emploi qu'en fait Michel Surya, fonde un concept nouveau. La domination n'est pas le pouvoir, elle en est l'état « transparent » selon un qualificatif dont les *Théorèmes* établissent la fonction.

La différence entre « domination » et « pouvoir » peut se ramener à ceci : le pouvoir était l'exercice de la domination à travers l'imposition de contraintes qui en signifiaient le caractère hautain. Le pouvoir disposait de la force, donc de l'obscur, et il fondait sur sa capacité de violence sa supériorité. Le pouvoir s'appropriait ainsi la justice mais pas au point de s'identifier à elle puisqu'il savait éventuellement revendiquer contre elle la raison d'Etat.

La domination ne prétend pas à la hauteur, et elle se réclame volontiers de la justice. Elle s'efforce de remplacer la contrainte par le consensus, et le supérieur par le diffus. Elle vise au fond à régner par la contagion : la contagion de sa luminosité. Bien entendu, elle n'a pas pour autant renoncé au pouvoir, mais elle travaille à en métamorphoser les procédés afin qu'il ne soit plus conditionné par des méthodes qui, un jour ou l'autre, dénoncent sa relativité.

Les « affaires » sont l'occasion saisie (ou transformée – au sens où les joueurs transforment un essai) par la domination pour faire la preuve de sa transparence – transparence qui provoque l'adhésion par comble de clarté et non plus la soumission par menace obscure.

Il faut souligner que toutes les « affaires » sont d'ordre économique et qu'elles apparaissent au moment où la politique – activité qui caractérisait le pouvoir – est déjà remplacée par l'économie, activité qui caractérise la domination.

Le pouvoir se situait au-dessus de la société, en un point d'où en effet il la dominait, alors que la domination règne à l'intérieur même de la société à travers des réseaux qui s'infiltrent en elle, et qui se confondent avec l'activité principale qu'est devenue l'économie.

Au pouvoir, qui volontiers s'exhibait, la domination a fait succéder une direction discrète, qui n'affiche que sa nécessité.

Le pouvoir placardait les supérieurs qu'il fallait servir. La domination rend les supérieurs invisibles, c'est sa manière de servir la démocratie.

La domination efface les signes du pouvoir afin d'en recueillir tout le sens.

On n'a jamais autant parlé de partage qu'en nos temps de confiscation du bien public. Et jamais si efficacement dénaturé notre langue, qui en arrive à faire entendre d'un événement le contraire de ce qu'il fut. Exemple : M. Juppé reçoit M. Li Peng et l'invite à dîner. Mis au courant, comme l'exige le protocole, du petit discours par lequel il sera accueilli, M. Li Peng menace de ne pas se rendre au dîner si M. Juppé ne retire pas telle allusion aux droits de l'homme. M. Juppé, pour ne retirer rien, retire tout son discours, et cette lâcheté devient un acte de courage économique face à l'acheteur chinois...

Les affaires dénoncent l'ancienne liaison fautive du pouvoir et de l'économie : elles démontrent qu'à l'époque où le pouvoir prime l'économie doit avoir recours à la corruption. En revanche, en devenant dominante sous la domination, l'économie se trouve purifiée pour la raison qu'elle ne dépend plus que des lois du marché, et non de la politique, c'est-à-dire d'une compétition dont les règles sont parfaitement claires.

Que le meilleur gagne ! Tel est le principal critère moral de la domination. Le vainqueur s'en trouve doté d'une qualité incontestable dont l'évidence refonde le jeu social dans la simplicité.

Les affaires servent à écarter ceux qui ne sont pas les meilleurs, et qui donc avaient indûment gagné. Par la même occasion, elles font un exemple.

Toutes les affaires concernent des attributions de marchés publics à des sociétés privées. Elles jettent un doute sur les qualités de ce qui est « public » parce que ledit « public », en faussant les règles de la compétition, a contraint le « privé » à recourir à la corruption.

Les affaires, non seulement moralisent l'ordre social, mais lui proposent le modèle d'un nouvel ordre dont la clarté exige la destruction du service public parce que, tenu à l'écart des lois du marché ou leur échappant, ce dernier obscurcit la compétition.

Le pouvoir était par nature corrupteur parce qu'il était par nature obscur – d'une obscurité qui obligeait l'économie à transgresser sa clarté naturelle pour se livrer à des tractations obscures. Le pouvoir comporte toujours une part cachée, invisible, tandis que le marché ne dissimule rien : son mécanisme est visible.

La communication devient un marché, et qui justement fait commerce du visible puisque l'image est son principal produit. Ce marché englobera bientôt toute l'économie et sera donc aussi le lieu de la domination. Pour que tout y fonctionne parfaitement, il faut que la libre circulation des images ne connaisse aucune entrave, mais cette liberté-là suppose un type d'échanges tout à fait nouveau parce qu'il ne lui suffit pas de disposer d'une ouverture où sa marchandise puisse circuler sans aucun frein, il lui faut en même temps conditionner sa réception, c'est-à-dire son consommateur.

Le marché de la communication exige un nouveau type d'échanges pour la raison que la marchandise proposée par lui est d'un type tout à fait nouveau : c'est pour la première fois une marchandise mentale.

La circulation de cette marchandise ne peut se limiter à susciter et à satisfaire des besoins ordinaires, comme le font la nourriture, le mobilier, le vêtement ou même les vacances. La nouvelle marchandise s'adresse à ce qui, jusque-là, était considéré comme échappant au commerce marchand et représentait la part noble de l'homme : son esprit. Le pouvoir avait très souvent contraint l'esprit, l'avait écrasé, humilié, mais il en reconnaissait dans le même temps la valeur, ce qui l'a conduit, chaque fois qu'il a pris une allure démocratique, à développer l'éducation populaire puis l'accès à la culture. C'est d'ailleurs parce qu'il prend la suite de ce développement que le marché de la communication se couvre d'une étiquette culturelle.

Il n'y a pas si longtemps, Bataille, Laure et Leiris situaient le sacré dans la « communication », et par conséquent faisaient de celle-ci le lieu de croisement des relations induites par l'altérité. Lieu de ténèbres où la clarté de l'intelligence affronte la bestialité originelle et où le désir de fusion amoureuse lutte passionnément avec l'opacité de l'Autre pour l'immoler à son élan... La communication devenue un marché veut évidemment que son domaine reçoive la clarté propre à l'économie. Pour cela, elle reprend inconsciemment le rêve sacrificiel de l'amour afin de purifier sa relation avec le consommateur en tuant l'opacité...

La domination est ainsi au mieux de son rôle dans le marché de la communication quand elle prétend pourchasser l'obscur pour qu'advienne partout la transparence. En ce sens, les « affaires » représentent le sacrifice symbolique du pouvoir et de ses corruptions ténébreuses au profit de la clarté économique, qui ne saurait s'accommoder de privilèges ni de passe-droits. Le pouvoir, bien sûr, n'est pas pour autant sacrifié, mais le voilà en quelque sorte dissous dans sa propre clarté si bien qu'il en devient invisible dans la visibilité générale.

Ce paradoxe est la règle fondamentale de la transparence dont la limpidité implique la suppression des anciennes contraintes devenues des entraves au libre-échange mental. L'établissement de ce dernier se traduit par la naissance du consensus, lequel va dès lors de soi puisque aucun individu normal ne saurait résister à l'évidence que génère la clarté. La société de communication, et non plus de contrat, qui est en train de se constituer en conséquence sera une société d'acquiescement à l'évidence.

Inséparablement, c'est à la même évidence que la domination devra désormais un pouvoir qui ne passera plus pour être du « pouvoir » mais du « service ». Ainsi aura-t-elle réalisé par le commerce des images ce qu'aucun régime totalitaire n'avait réussi à créer par l'idéologie : une adhésion naturelle. Il fallait pour y parvenir une parfaite coïncidence entre l'économie et la domination, coïncidence qui ne pouvait en effet survenir que du jour où la consommation de la marchandise principale transformerait chaque citoyen en adhérent. C'est qu'alors le flux limpide et continu des images aura solidement établi une apparence dans laquelle chacun sera bien plus à son aise que dans la réalité.

Une oppression délicate

En tant que citoyen d'une démocratie libérale, j'éprouve déjà les effets de la culture que le libre-échange met aujourd'hui en place. Cette culture, avant d'imposer partout son hégémonie, doit vaincre une forte résistance dans ses pays d'origine. Elle y travaille en s'aidant de moyens qui n'ont plus rien de commun avec ceux qu'utilisaient les anciens systèmes d'oppression. Je voudrais essayer de caractériser le principal.

Depuis toujours l'oppression était brutale, celle que je dénonce est délicate. Tout le monde connaît le véhicule de l'oppression brutale, c'est la force avec ses éléments bien repérés qui sont la police, l'intimidation, la censure, la prison, la torture, bref la contrainte violente. L'oppression délicate travaille à fabriquer la même soumission, mais en supprimant la conscience de ses mécanismes et de son action parce qu'ils ont tendance à susciter autant de résistance que de peur. Cette nouvelle manière d'opprimer a pour meilleur véhicule la culture.

Je vais rapidement en parcourir les raisons.

La définition la plus simple de la culture est de la qualifier de pensée du corps social. Le corps social extériorise sa pensée par la culture tout comme chacun de nous extériorise la sienne en s'exprimant.

Les divers pouvoirs ont successivement séparé le corps social et la culture comme certaines religions ont provoqué la séparation du corps et de l'esprit. Pourquoi ? Parce que le lieu de leur articulation est aussi le lieu où doit s'incruster le pouvoir s'il veut régner absolument.

Ce lieu est en chacun de nous celui de la liberté d'expression. Le pouvoir a tenté jusqu'ici de la contrôler par la censure. Son désir était, en limitant l'expression, de limiter en réalité la pensée, mais la censure ne pouvait atteindre ce qui reste hors de son effet. Elle se contentait de réduire le plus possible la contestation.

L'espace dans lequel nous pensons librement est, de toute évidence, le seul lieu qui vaille vraiment la peine d'être contrôlé. La nouvelle oppression a entrepris, non seulement de le contrôler, mais de le détruire parce qu'elle n'a plus aucune illusion sur l'efficacité d'un éventuel contrôle.

Pour cela, elle a inventé une machine idéologique qui influence les mentalités de manière à les transformer imperceptiblement de l'intérieur même de leurs comportements. Il s'agit de susciter une adhésion consensuelle, qui dissolve la possibilité même de lui résister.

Le modèle de la fabrication de ce consensus lui est fourni par la religion, sauf que la religion comblait positivement cet espace mental où le libre-échange a besoin, au contraire, d'installer un vide négatif.

L'invention géniale de la religion fut d'imposer l'extériorité de la foi comme sens intérieur et, par là, de déposséder les individus de la maîtrise de leur intériorité. La religion offrait en compensation un sens suffisamment universel pour que le sujet soit comblé par sa pratique en même temps qu'il y trouvait le support d'une solidarité sans limites. C'était là un extraordinaire consensus spirituel susceptible d'unifier tous les hommes dans leur soumission au divin.

La volonté du libre-échange est de provoquer une soumission analogue mais dans l'unique but de soumettre l'ensemble des productions humaines aux lois de l'économie. Le libre-échange ne peut plus avoir recours à la religion parce que son culte exclusif de la marchandise et de la quantité est la négation sans appel du sentiment religieux. Il lui faut pourtant déclencher une adhésion comparable afin d'éviter les conflits sociaux qui sont pour lui une perte de temps. D'éviter aussi les conflits guerriers qui risquent de mettre son ordre en péril ou d'en retarder l'instauration mondiale.

Le libre-échange sait que la propagande est incapable de lui procurer une adhésion sans appel parce que la propagande ne sert qu'au remplacement d'une opinion par une autre. L'adhésion parfaite qui lui est nécessaire ne peut résulter que du remplacement de la pensée indépendante et personnelle par un système extérieur, mais si bien assimilé qu'il donne l'illusion d'être issu du plus intime de l'individu.

Dès que la religion cesse de fournir le sens dominant, les activités culturelles occupent peu à peu la place dont elle se retire. C'est évidemment dans le mouvement de ces activités, dès lors réintégrées dans le corps social, qu'apparaissent tous les réseaux de résistance à une nouvelle spoliation. D'où que le libre-échange en arrive très vite à valoriser la culture, mais à sa façon qui est d'en faire une marchandise en la captant au moyen d'un système de diffusion qui lui en assure le contrôle.

Dès lors, sous le vernis d'une culture libre et universelle, il va s'agir de s'emparer à la fois de la totalité du champ culturel et de la totalité de l'espace mental des acteurs culturels transformés en simples consommateurs.

Le mécanisme de cette transformation est si simple dans son principe et si quotidien dans son exercice qu'il reste inaperçu dans le moment même où il entre en action. On peut le résumer de la façon suivante :

Tout acte culturel exigeait depuis toujours un certain effort – effort de compréhension, d'apprentissage, d'écoute – dont le mouvement conduisait à l'échange et au plaisir. La consommation culturelle n'exige au contraire qu'un peu de passivité. Le spectacle y tient lieu d'activité mentale. Une activité qui n'est que de l'agitation et qui aboutit peu à peu à décourager la réflexion au profit d'un appétit dévorateur de son propre non-sens... Il suffit de s'asseoir devant un poste de télévision et de regarder, alors tout naturellement ce que vous regardez vous entraîne dans son mouvement et devient votre pensée...

Récemment, j'écoutais une pièce de Sophocle, *Antigone,* et quelque chose soudain m'a saisi... Pensant au vieux destin qui plane sur le théâtre occidental, je me suis dit qu'il avait eu pour manifestation le droit de vie et de mort... Le pouvoir avait pour preuve de sa qualité absolue le droit de condamner à mort. Le pouvoir médiatique institue un tout autre absolu qui va devenir sa preuve universelle, c'est le droit de dispenser la mort mentale. L'image est le bourreau délicat qui crève les yeux mentaux sans crever les yeux physiques. C'est que les décervelés sont désormais beaucoup plus rentables que les cadavres parce qu'ils sont de serviles et excellents consommateurs...

De la nature des images

L'image est une chose, mais de si peu de poids, de si peu d'encombrement, qu'elle n'en a pas le statut ; c'est une simple surface, et très mince, occupée par des formes qui sont un appelant pour le regard dont elles éveillent, ou non, la curiosité. Si elles y réussissent, le regard leur fournit aussitôt le supplément d'espace et de volume qui leur manque de sorte que les voilà pourvues d'une réalité à proportion de leur pouvoir d'illusion. Et commence alors à fonctionner une capacité d'échange, qui permet à l'illusion d'être représentative de la réalité sans encombrer le regard de cette dernière. Ledit échange est d'autant plus efficace qu'il est instantané ; son mouvement, qui est purement expressif, fait que l'image, si concrète soit-elle ou si « réaliste », n'est pourtant qu'une chose mentale.

L'ambiguïté débute là, du moins avec les images

figuratives, qui sont d'ailleurs l'écrasante majorité, parce que ces images expriment toujours une relation quand bien même elles ont l'air de n'être qu'une représentation. Leur qualité dépend de cette différence même si, dans tous les cas, elle est fondatrice. Le regard reconnaît d'abord la représentation, et le plus souvent il s'en contente parce qu'il lui faut réfléchir et dépenser de l'attention pour apercevoir la relation.

Toute l'histoire et tout le rôle de l'image se développent et se jouent dans l'espace incertain où se combinent la représentation et la relation : la première agit au premier coup d'œil par son évidence ; la seconde a besoin d'être distinguée pour faire son effet, mais c'est elle qui donne plus de qualité à l'expression ou la métamorphose en œuvre artistique. Ainsi se superposent deux valeurs, l'une d'exactitude, qui repose sur le rendu de la réalité de référence ; l'autre d'intensité, qui se nourrit de la vivacité du rendu de la relation. L'ambiguïté est ici redoublée du fait que le rendu de la référence est estimable dans la mesure où il est entièrement visible tandis que celui de la relation reste inestimable dans la mesure où le visible le manifeste sans le constituer. Cette différence, qui est à l'origine de l'art, peut être pervertie pour servir un tout autre commerce au moyen de substitutions qui seront décrites peu à peu.

La représentation insiste uniquement sur l'apparence ; sa réussite est en somme de mettre dans l'image des figures à s'y tromper. La relation, au contraire, en est arrivée à désespérer de l'apparence à force d'y demeurer invisible, c'est pourquoi elle a tenté de se montrer visiblement à travers des formes abstraites ou gestuelles, mais entre-temps on était déjà passé des images faites à la main aux images faites à la machine : photographie, cinéma, vidéo...

Les anciens Grecs donnaient au peintre le nom de zôgraphos, celui-qui-écrit-le-vivant, et ce nom réunissait l'écriture et la vie dans une même visibilité. La relation, qui est le vif du vivant, faisait par conséquent partie de l'apparence et, par là, se trouvait inséparable de la représentation. Ensuite, quand les images se sont multipliées, cet « inséparable » a fait la raison d'être de la peinture, et son originalité par rapport à toute la confection des représentations. Il y a même eu, du temps où la religion tenait la première place et se servait de l'image pour traduire ses leçons, tout un débat quant à la vie des figures pour savoir si elles se bornaient à signifier ou bien si elles contenaient de la présence réelle.

Ce débat n'était pas vain, qui interrogeait en fait la possibilité d'un transfert dans l'image du caractère de son modèle, et qui posait en d'autres termes le problème de la relation entre la figure et le figuré. Ceux qui en tenaient pour l'existence d'une communication analogue à la circulation du liquide entre deux vases attribuaient à la grâce la qualité que nous attribuons désormais au génie de l'art. Il a suffi, pour ce changement, de considérer que l'auteur exprime par cette

« présence » l'intensité de sa relation avec la forme figurée. Au volume spirituel, qui dotait l'image d'une intériorité sensible bien qu'irrepérable, s'est substitué un volume émotionnel et mental, qui demeure pareillement irrepérable et n'en est pas moins agissant. Autrement dit, une image peut receler au milieu de l'illusion qui est le fond de sa nature une part non mesurable de réalité – une « réalité » qui n'est ni solide ni visible ni stable et qui, par conséquent, ne correspond guère à ce qu'on range d'ordinaire sous ce nom.

Chacun voit bien comment l'image est une transcription visuelle de l'apparence, mais chacun oublie aussitôt que l'apparence n'est pas la réalité. Il est vrai que cette confusion est permanente sinon il nous faudrait sans cesse réfléchir sur la nature du regard, celle de l'espace et celle bien sûr de la relation. Or toute vue est une image que nous ne percevons pas comme telle si bien que nous prenons pour du contact direct ce qui est en fait conditionné par un grand nombre de paramètres sociaux et culturels. Et nous sommes là-dessus d'autant plus facilement trompés que toutes nos images du monde sont des repérages fugitifs et utilitaires. Parfois quelque chose nous émeut que nous regardons vraiment, visage ou paysage ou œuvre artistique, mais la présence qui s'impose alors sollicite trop notre émotion pour qu'elle ne prime pas sur la conscience du regard.

Nos images du monde sont passantes ; celles qui sont inscrites sur des surfaces et qui nous touchent nous paraissent a priori tout devoir au talent de leurs auteurs, mais de quoi sont-elles faites ? On peut noter que contribuent à leur effet la composition, la matière, le temps investi en elles, le face à face qu'elles exigent. Tout cela n'est qu'une série d'éléments dont la somme aura formé dans la minceur de l'image une sorte de dépôt qu'il faut croire pourvu d'assez d'énergie puisqu'il la communique au regard. En tout cas, l'image faite à la main convoque depuis des millénaires un souffle de vie qui, ajouté à son illusion, fait bien davantage qu'illusionner nos yeux en y faisant circuler le courant indéniable d'une émouvante altérité.

Ce type d'image ne s'est pas jusqu'à présent démodé en dépit de la concurrence, depuis un siècle et demi, de l'image faite à la machine et qui, d'abord, fixe comme elle sous les espèces de la photographie, est devenue aérienne et mouvante avec le cinéma et la télévision. Les appareils qui composent ces nouvelles images les prélèvent directement dans le visible, soit qu'ils en découpent l'apparence telle quelle, soit qu'ils la mettent en scène ; ils fonctionnent à l'imitation de l'œil et de la chambre mentale en pratiquant une « écriture de la lumière » et non plus du « vivant ». Le résultat de ce fonctionnement paraît si littéral qu'on croit y reconnaître objectivement conjuguées les deux propriétés que l'image à la main ne pouvait construire qu'en y faisant concourir tout son art : la transcription visuelle et la présence réelle. Au total, l'appareil photographique et la caméra ont la capacité mécanique de produire des images parfaitement vivantes, et – comble d'ironie quand on pense à leur rôle – ils le font en réduisant à presque rien le travail de « médiatisation » par la facilité technique et par l'instantané.

Le temps de pose, quand il était très long, ressemblait au temps de composition qu'exige une peinture. Le cadrage a d'ailleurs imité longtemps la manière de concevoir un tableau. Ce qui est remarquable dans ce rapport n'est pas l'imitation par quoi toute nouveauté commence, mais l'indispensable quantité de temps nécessaire à la prise d'une image. Est-il insensé de penser que le temps investi dans un travail est aussi de la vie, et que c'est de la vie qui est ainsi déposée dans l'image ? Ce temps, qui permet la formation et l'apparition de l'image, correspond à la médiatisation qui transforme la vue en image.

Le mot « médiatisation », dans cet emploi, désigne un transfert et même une transfusion – par exemple celui du visage à son portrait – au gré d'une opération de métamorphose qui fait ressembler l'appareil du photographe au four de l'alchimiste. L'important dans cette comparaison est seulement qu'elle suggère une patience capable d'enrichir la « médiatisation », c'est-à-dire le travail de représentation, d'une vigilance et d'une attention qui, de toujours, furent les marques du temps que réclame le travail.

Les perfectionnements techniques ont effacé le temps de pose, et donc effacé dans l'image le temps du travail ce qui a rendu la médiatisation inapparente. Tout ce processus a été renforcé par la banalisation de l'acte photographique, qui est devenu familier à tous si bien que les œuvres photographiques ont encore du mal à trouver un marché parce qu'elles semblent justement n'avoir coûté aucun travail à leurs auteurs. Comment ne pas penser ici à cette réflexion de William Klein – grand photographe et largement reconnu comme tel – qui dit que les cent ou deux cents chefs-d'œuvre dont se compose tout au plus l'œuvre d'un photographe ne représentent au total qu'à peine une minute de la vie de leur auteur ?

La banalisation de la photographie aurait dû répandre la conscience que l'utilisation courante de l'objectif prouvait à l'évidence que l'image produite n'en était pas moins subjective, et elle aurait dû par la même occasion convaincre du fait que le regard du photographe était, bien plus que l'apparence, le vrai sujet de l'image. Il n'en est rien comme si un automatisme de l'œil le portait avant tout à reconnaître l'apparence et à s'en trouver satisfait.

Il se peut que l'inconscience soit un problème culturel. On la combattrait plus facilement si l'on faisait savoir qu'elle diminue partout le plaisir, lequel grandit toujours quand on perçoit la nuance et le processus. C'est une chose grave de n'apercevoir dans l'image que la représentation parce que, en se bloquant sur elle, l'attention la magnifie au détriment du sens. La reconnaissance du sujet n'est rien, aussi a-t-elle pour résultat, quand elle devient le tout de l'image, de détruire la fonction du signe qui s'en trouve rendu improductif et muet. Il est possible aujourd'hui de généraliser ce mutisme en agissant sur l'image de telle sorte que la représentation en paraisse le sens. Il suffit de renforcer l'attraction du sujet par l'ajout du mouvement. On ne saurait quantifier la qualité. On ne saurait pas déterminer davantage la dose de dépôt qui bonifie l'image et la fait passer du rang de simple illustration à celui de chef-d'œuvre. Tout ce qu'on remarque est que le « dépôt » provoque un saut qualitatif et transmue la représentation en relation. La reconnaissance exclusive du sujet de la représentation ne conforte bien sûr que l'ordre des choses tandis que la perception d'une indéfinissable présence le trouble. C'est que l'image alors se trouve dotée d'une sorte d'épaisseur où loge l'équivalent d'une intériorité.

A la recherche d'une explication de ce phénomène, on peut distinguer deux parties principales dans la constitution d'une image, l'une faite de contours qui procurent aux formes la ressemblance et sont l'essentiel de la représentation ; l'autre qui recueille à la fois la matière de l'image ainsi que le fameux « dépôt », et qu'on pourrait qualifier d'empreinte. L'emploi du mot « empreinte » fait référence à la manière dont l'empreinte, par exemple, du pouce dépose de l'identité en même temps que du corps. Il y a là, si minime soit-elle, une transfusion charnelle entre la surface qui reçoit l'empreinte et le corps qui la donne. On le ressent très fortement devant les peintures pariétales qui comportent des empreintes de mains. La matière, quand elle remplit un contour, ne fournit pas qu'un ton local destiné à accentuer la ressemblance : elle donne corps.

Le trouble dont s'accompagne l'attention portée à cette « chair » de l'image nuit forcément à la représentation parce qu'il conduit à l'interroger et à y déceler une sorte de double fond. Il suffit de se rappeler l'acharnement des régimes totalitaires à interdire toutes les images non réalistes pour comprendre que l'image « réaliste », en effet dépourvue de la moindre « chair », ne renvoie qu'à ce qu'elle illustre avec pour effet, comme il est dit plus haut, d'abolir en elle toute possibilité de faire signe. A partir de quoi, on s'aperçoit que le trouble est la condition du sens, autrement dit qu'il faut un mouvement interne pour que circule cette énergie dont le propre est de n'exister qu'en circulant. Et en développant une relation qui sans cesse déplace l'ordre des choses ou en conteste l'orientation.

La volonté qu'on s'en tienne à la représentation vise en fait à poser l'apparence comme seule réalité, ce qui signifie que l'image coïncide à tel point avec son sujet qu'il n'y a plus entre eux le moindre jeu. Conséquence : tout le sens est visible et le monde est fixé en lui. La coïncidence dès lors tient lieu de communication puisqu'elle baigne chacun dans une égalité dont la transparence assure un partage réciproque de la même normalité ou du même naturel. L'idéologie totalitaire prétendait avoir réalisé cette utopie à travers le partage d'une pensée unique ; le libéralisme, en développant le libre-échange et en passant de la société dite de consommation à la société de communication, fait mieux : il restreint l'image dans les mêmes limites, sauf qu'il ne s'agit pas cette fois d'en faire l'expression exacte de l'apparence mais l'élément constitutif de cette apparence. Et nous voilà idéalement conviés à vivre dans l'image et à nous y comporter comme des figures de cette image.

L'instrument qui nous précipite dans cette situation n'est pas idéologique : il est visuel, et il doit son efficacité à une insertion tout à fait naturelle dans l'intimité de chacun. Bien entendu, il produit de l'image – il est même capable d'en produire sans arrêt, d'en produire autant qu'il y a de temps dans une vie. Et tous, sans aucun effort, peuvent bénéficier de ce service : il suffit de regarder. Les utilisateurs sont ainsi plongés sans le savoir dans le même courant de partage que créait autrefois le corps mystique, mais il y fallait une volonté d'adhésion et l'exercice de la prière, alors qu'ils n'ont qu'à s'asseoir et à s'abandonner au fil des images.

Le fonctionnement de cette précipitation est alimenté par les diverses capacités de l'image décrites dans ce qui précède. Et d'abord par cette dualité qui fait coexister dans l'image la possibilité d'être représentative et d'être relationnelle. Ce second aspect, jusqu'ici, a été considéré comme qualitatif : il est invisible bien qu'il agisse dans la visibilité de l'image. Le génie et la perversité de l'instrument à produire inlassablement des images – on l'appelle un « téléviseur » – est de greffer à l'intérieur de l'image et à la place où se situe la qualité, un mouvement qui se confond avec le mouvement auquel nous a habitués le cinéma. Ce mouvement confère à l'image l'apparence de la vie parce qu'il paraît inséparable de celui qui anime naturellement les figures représentées, mais il possède une tout autre propriété, tout à fait invisible comme l'ancienne qualité et bien plus efficiente car d'une action inévitable dès qu'elle est au contact de nos yeux. Cette propriété captivante, et par là génératrice de la passivité qui la sert, a pour caractéristique de tirer son énergie de celui qui regarde en parasitant à la fois le flux inconscient de sa vie et celui de sa pensée.

L'extraordinaire est que ce vampirisme soit imperceptible et que son processus inverse complètement celui dont s'accompagnait jusque-là l'action des images. C'est que le mouvement parasitaire tient lieu de sens par l'entraînement qu'il produit et tient encore lieu de vie en s'emparant de celle de son spectateur, et tient aussi lieu de pensée en occupant tout l'espace mental par son irréversible défilé. D'où vient que cette possession est si attrayante ? Pour une bonne part sans doute du fait que notre éducation nous a mis en tête que nous pensons avec un esprit, c'est-à-dire avec quelque chose qui est séparé du corps. Cette conception ne saurait nous avertir de l'absence de seuil de contrôle entre le visuel et le mental, ni bien sûr nous faire sentir que l'image a pris la place de notre pensée.

A ce pouvoir captateur s'ajoute encore une autre faculté de tromperie, à savoir qu'il est facile de changer la signification d'une image sans en changer l'apparence. Le montage permet ce tour, qui transforme la perception d'une image sans qu'elle paraisse avoir changé. La plupart des falsifications reposent là-dessus, et elles demeurent en général inaperçues parce qu'elles jouent sur le bon sens du spectateur ordinaire pour qui une image étant une image, elle ne saurait représenter autre chose que ce qu'il y voit représenté. Mais lequel d'entre nous ne se comporte pas couramment comme si les images restaient sur l'écran de la même façon qu'elles étaient au mur ? Et cependant notre regard les a transportées à l'intérieur de nous-même, et elles y sont déjà notre pensée...

Note

Publiée par Ulysse fin de siècle (Plombières-les-Dijon, achevé d'imprimer 11 mars 1994), la première édition de *La Castration mentale* avait été tirée à mille exemplaires, dont vingt-deux accompagnés d'un dessin original d'Alfieri Gardone. Elle comprenait onze chapitres : « La Scène primitive », « Condition du sens », « Face à face », « Un geste et l'autre », « Sens et culture », « Notre culture est menacée », « Pour la culture », « Logique d'audience et plaisir populaire », « La castration mentale », « Le 4 octobre 93 », « L'autre côté ».

Les textes compris entre les pages 83 et 120 de la présente édition ont été écrits pour être lus au cours des principales séances plénières des Etats généraux de la culture, mouvement animé par Jack Ralite. Ils sont publiés dans l'ordre chronologique : Théâtre de l'Est parisien, 9 février 1987 (séance de fondation); Théâtre de Paris, 17 juin 1987 ; Zénith, 16 novembre 1987; Palais de Tokyo, 6 et 7 avril 1990; Institut Français de Berlin, 1 et 2 novembre 1991; Théâtre de l'Odéon, 4 octobre 1993.

Le premier de ces textes, repris par divers journaux syndicaux a paru dans l'ouvrage collectif : *La culture française se porte bien pourvu qu'on la sauve* (Messidor, Paris, 1987). Le cinquième, qui donne son titre à l'ouvrage, a paru en français et en allemand dans les *Actes de la rencontre de Berlin,* 1992. Tous les cinq ont été publiés en entier ou par fragments dans le *Journal de la culture,* trimestriel animé par Claudine Joseph. Le cinquième, augmenté, a servi de préface à *Sauve qui peut la langue* de Jean-Pierre Léonardini (Editions de l'Archipel, 1994).

Cette nouvelle édition ajoute à ce premier ensemble douze nouveaux chapitres (« L'Autre côté » n'a pas été repris). Certains ont paru dans des journaux : *Le Monde, Les Lettres françaises, L'Humanité, Journal à Royaumont, Marché des lettres* ou dans des revues : *Traverses, L'Interlope,* que je remercie de leur accueil. Deux d'entre eux : « La crise du bonheur » et « Le Dieu des poètes » proviennent, le premier, du *Sens la Sensure* (Talus d'Approche, 1985) et le second du petit livre publié sous son titre par *Paupières de terre,* 1990, où figurait également « Retours de langue ».

Table

Cet ouvrage a été composé
et achevé d'imprimer en mars 1997
dans les ateliers de Normandie Roto Impression s.a.
à Lonrai (Orne)
N° d'édition : 1524
N° d'impression : 970169
Dépôt légal : mars 1997

Imprimé en France